Fleisch

Fleisch

Hackfleisch

Kurzgebraten

Große Stücke

Geschmortes

Das große Plus

In nahezu allen Kulturen galt Fleisch
als Speise der Privilegierten.
Wer Eindruck machen wollte,
servierte viel davon.
Heute achten wir mehr auf Qualität
als auf die Menge.

Im »Buch der Katastrophen« von Harry Hermann Schmitz* gibt es eine Erzählung, die sich mit dem Phänomen der Erbtante befasst. Das darin beschriebene Exemplar pflegt sonntags die Familie des Erzählers heimzusuchen, um dort ihr Mittagessen einzunehmen. Wobei sie Artigkeiten sowie einen Braten erwartet. Eines Tages deutet die Tante an, dass sie ihr Vermögen einer Stiftung zu vermachen gedenkt. Worauf der Hausherr das feinste Stück Fleisch doch lieber zurückhält, bis die Sache geklärt ist. Tatsächlich galt Fleisch zu allen Zeiten als Ehrengabe – und als Statussymbol. Im nicht gerade für Prunksucht bekannten Hamburg ließ ein Kaufmann anlässlich eines Gastmahls 1879 ganze 14 verschiedene Fleischsorten auffahren, darunter Frösche und Krammetsvögel. Heute hat sich unser Verhältnis zum Fleisch geändert. Wir bevorzugen gute Qualität statt großer Portionen. Weshalb sich das Fleisch ein wenig mehr anstrengen muss, um die Aufmerksamkeit des Essers zu erringen. Mit diesen Rezepten ist sie ihm sicher!

* Harry Hermann Schmitz: Das Buch der Katastrophen. Brigitte-Edition erlesen von Elke Heidenreich, Band 13

Hackfleisch

Hackfleisch ist am wandlungsfähigsten von allen Fleischsorten. Von deftig bis fein, von klassisch bis asiatisch, ob kalt oder warm – mit Hackfleisch können Sie viele Ideen köstlich umsetzen. Und: Es gelingt immer!

Hackbällchen mit Möhrensauce

schmeckt Kindern

4 Portionen
Zubereitungszeit 50 Min.
Pro Portion **ca. 250 kcal, E 15 g, F 18 g, KH 6 g**

1 Scheibe	altbackenes Toastbrot
30 g	Feta-Käse
1	Lauchzwiebel
250 g	gemischtes Hackfleisch
1	Ei
	Salz, frisch gemahlener Pfeffer
½ Bund	Möhren
2 EL	Butterschmalz
1 EL	Zucker
125 ml	Gemüsebrühe
½ Bund	Schnittlauch

• Für die Hackbällchen das Toastbrot in kaltem Wasser einweichen. Den Feta in kleine Würfel teilen. Die Lauchzwiebel putzen, abspülen und klein schneiden. Das Toastbrot ausdrücken und mit Lauchzwiebel und Ei zum Hackfleisch geben, alles verkneten. Mit Salz und Pfeffer würzen.

• Für die Möhrensauce Möhren putzen, schälen, abspülen und klein schneiden. 1 EL Butterschmalz in einem Topf erhitzen und die Möhren darin andünsten. Mit Zucker bestreuen und weiterdünsten, bis der Zucker leicht braun wird. Die Gemüsebrühe dazugießen und die Möhren zugedeckt etwa 10 Min. kochen.

• Währenddessen aus dem Hackfleischteig mit angefeuchteten Händen kleine Bällchen formen und in jedes eine Mulde drücken. Die Mulden mit je 1 Feta-Würfel füllen und mit Hackfleisch wieder verschließen.

• 1 EL Butterschmalz in einer Pfanne erhitzen und die Bällchen darin rundherum etwa 5 Min. braten. Herausnehmen und auf Küchenkrepp abtropfen lassen.

• Die Möhren in der Brühe mit einem Stabmixer pürieren und mit Salz abschmecken. Den Schnittlauch abspülen und trocken tupfen. Schnittlauch in feine Röllchen schneiden und in die Möhrensauce rühren. Sauce und Hackbällchen zusammen servieren.

Dazu Baguette oder Fladenbrot

Variante Statt Feta-Käse je ein Viertel von 1 kleinen Babybel-Käse oder 1 entsteinte Olive in die Hackbällchen geben.

Fleischklößchen mit Gnocchi

einfach | raffiniert

4	**Portionen**
	Zubereitungszeit 45 Min.
Pro Portion	**ca. 610 kcal, E 25 g, 37 F g, 44 KH g**

3	Zwiebeln
2	Knoblauchzehen
40 g	getrocknete Tomaten in Öl
2	ungebrühte Bratwürste (à 100 g)
200 g	gewürztes Schweinemett
2 EL	Öl
900 g	passierte Tomaten (Tetrapak)
	Salz
2 Päckchen	frische Gnocchi (à 400 g; Kühlregal)
	frisch gemahlener Pfeffer
	einige Basilikumblättchen für die Deko

- Zwiebeln und Knoblauch abziehen. Die Zwiebeln grob würfeln, den Knoblauch durch eine Knoblauchpresse drücken. Die Tomaten abtropfen lassen. Die Tomaten in Streifen schneiden.

- Das Bratwurstbrät aus der Pelle in eine Schüssel drücken. Das Mett dazugeben und beides mit den Knethaken des Handrührgerätes zu einem glatten Fleischteig verkneten. Mit angefeuchteten Händen etwa kirschgroße Bällchen aus dem Teig rollen.

- Das Öl in einer Pfanne erhitzen. Die Fleischklößchen darin unter Wenden etwa 5 Min. braten. Zwiebeln und Knoblauch zufügen und glasig braten. Die passierten Tomaten und Tomatenstreifen dazugeben und alles 10 Min. bei mittlerer Hitze kochen lassen.

- Inzwischen für die Gnocchi reichlich Salzwasser aufkochen lassen. Die Gnocchi hineingeben und nach Packungsangabe kochen.

- Die Tomatensauce mit Salz und Pfeffer abschmecken. Die Gnocchi in ein Sieb abgießen und kurz abtropfen lassen. Gnocchi in die Tomatensauce geben. Mit Basilikum garnieren.

Tipp **Bratwurstbrät und Mett (Thüringer Mett) sind fix und fertig gewürzt und müssen nur noch in Form gebracht werden. Ideal für alle, die nicht gern rohes Fleisch abschmecken mögen.**

Hack-Muffins

einfach | preiswert

10 Stück
Zubereitungszeit 1 Std.
Pro Portion ca. 255 kcal, E 18 g, F 19 g, KH 3 g

- 1 Brötchen (vom Vortag)
- 1 Zwiebel
- 2 Knoblauchzehen
- 2 eingelegte Paprikaschoten (aus dem Glas)
- 80 g junger Gouda-Käse
- 600 g gemischtes Hackfleisch
- 2 Eier
- Salz, frisch gemahlener Pfeffer
- 150 g Frühstücksspeck in Scheiben (Bacon)
- Fett für die Förmchen

• Den Backofen auf 180° (Umluft 160°, Gas Stufe 3) vorheizen. Das Brötchen in kaltem Wasser einweichen. Die Zwiebel abziehen und fein würfeln. Die Knoblauchzehen abziehen und durch eine Knoblauchpresse drücken.

• Die Paprikaschoten abspülen, mit Küchenkrepp gut trocken tupfen und würfeln. Den Käse klein würfeln.

• Das Brötchen mit den Händen gut ausdrücken und fein zerpflücken. Brötchen, Hackfleisch, Eier, Paprika- und Zwiebelwürfel mit den Knethaken des Handrührgerätes zu einem glatten Fleischteig verarbeiten. Mit wenig Salz und Pfeffer würzen.

• Die Mulden einer großen Muffinform fetten und mit je 1 Baconstreifen auslegen. Die Förmchen zur Hälfte mit Hackfleischteig füllen.

• In jeden Muffin eine kleine Mulde drücken und diese mit Käsewürfeln füllen. Den restlichen Hackfleischteig auf den Käse geben und die Muffins damit wie mit einem Deckel verschließen. Die Enden des Bacons darüber zusammendrehen. Die Form in den Ofen stellen und die Muffins 35–40 Min. backen, bis der Bacon knusprig braun ist. Etwas abkühlen lassen und die Hackfleisch-Muffins mit einem Messer vorsichtig vom Formrand lösen.

Tipp **Die kleinen Muffins sind ideal für jede Kinderparty und können warm und kalt gegessen werden.**

Buletten mit Petersilie

schnell | preiswert

6–8 Stück
Zubereitungszeit 25 Min.
Bei 6 Stück pro Stück ca. 240 kcal, E 18 g, F 17 g, KH 4 g

- 1 Brötchen vom Vortag
- 1 Zwiebel
- 1 TL Butter
- 3 Stängel glatte Petersilie
- 500 g gemischtes Hackfleisch
- Salz, frisch gemahlener Pfeffer
- edelsüßes Paprikapulver
- 1 Ei
- 1 TL Öl zum Braten

• Das Brötchen in kaltem Wasser einweichen. Eventuell eine Untertasse darauflegen, damit es nicht aufschwimmt.

• Die Zwiebel abziehen und fein würfeln. Butter in einer Pfanne erhitzen und die Zwiebelwürfel darin glasig dünsten. Abkühlen lassen.

• Die Petersilie abspülen, trocken schütteln und die Blättchen fein hacken. Das Brötchen mit den Händen gut ausdrücken und fein zerpflücken.

• Brötchen, Zwiebel, Hackfleisch, Petersilie, Salz, Pfeffer, Paprika und Ei mit den Knethaken des Handrührgerätes zu einem glatten Fleischteig verkneten. Aus dem Teig mit angefeuchteten Händen 6–8 Buletten formen.

• Das Öl in einer Pfanne erhitzen und die Buletten darin von jeder Seite bei mittlerer Hitze in 4–5 Min. braun braten. Heiß oder kalt servieren.

Dazu Kartoffelsalat

Tipp **Das eingeweichte Brötchen macht den Hackfleischteig locker und saftig. Statt Brötchen können auch 3 EL Semmelbrösel, 2 EL blütenzarte Haferflocken oder 2 EL Magerquark unter das Hackfleisch geknetet werden.**

Lammspieße mit Couscoussalat

einfach | raffiniert

4	**Portionen**
	Zubereitungszeit 50 Min.
Pro Portion	**520 kcal, E 20 g, F 26 g, KH 51 g**

500 g	Fenchel
2	Knoblauchzehen
1	Zwiebel
500 g	Lammhackfleisch (beim Metzger vorbestellen)
1 TL	gemahlener Anis
2 TL	Fenchelsamen
1 TL	gemahlener Kreuzkümmel
1	Ei
	Salz, frisch gemahlener Pfeffer
200 g	Instant-Couscous
1 TL	gemahlener Kreuzkümmel
1	rote Paprikaschote
2	Tomaten
1	Zitrone
4 EL	Olivenöl
1 Bund	Koriandergrün
	Olivenöl zum Braten

• Für die Lammspieße den Fenchel putzen und abspülen. Knoblauch und Zwiebel abziehen. Fenchel, Knoblauch und Zwiebel sehr fein hacken und mit dem Hackfleisch sowie Anis, Fenchelsamen, Kreuzkümmel und Ei mit den Knethaken des Handrührgerätes verkneten.

• Den Fleischteig salzen, pfeffern und portionsweise mit angefeuchteten Händen wie Würste um lange Holzspieße drücken. Oder zu Frikadellen formen.

• Für den Couscoussalat den Instant-Couscous mit 400 ml kochendem Wasser übergießen und 8 Min. quellen lassen.

• Etwas Olivenöl in einer Pfanne erhitzen und die Hackfleischspieße darin von beiden Seiten etwa 8 Min. braten.

• Den Couscous mit einer Gabel auflockern und mit Kreuzkümmel würzen. Paprika und Tomaten abspülen und vierteln. Paprika von Samen und Trennhäuten befreien, aus den Tomaten die Stielansätze schneiden. Beides in kleine Würfel schneiden. Die Zitrone auspressen. Gemüsewürfel unter den Couscous mischen und mit Zitronensaft, Olivenöl, Salz und Pfeffer abschmecken.

• Den Koriander abspülen, trocken schütteln, grob hacken und unter den Couscous mischen. Den Couscoussalat zu den Lammspießen servieren.

Dazu Joghurt, mit Kumin, Salz und Minze gewürzt

Tortilla-Rolls

einfach | schmeckt Kindern

2 Portionen
Zubereitungszeit 30 Min.
Pro Portion ca. 530 kcal, E 28 g, F 30 g, KH 36 g

1	Zwiebel
1 EL	Öl
150 g	Rinderhackfleisch
1 TL	Tomatenmark
	Cayennepfeffer, Kreuzkümmel
	Salz, frisch gemahlener Pfeffer
2	Tomaten
2 EL	Essig
½	reife Avocado
100 g	saure Sahne
2 EL	Zitronensaft
50 g	Gouda-Käse
4 Blätter	Eisbergsalat
2	weiche Weizentortillas

• Die Zwiebel abziehen und fein würfeln. Das Öl in einer Pfanne erhitzen. Zwiebelwürfel, Hackfleisch, Tomatenmark und Gewürze darin kräftig anbraten.

• Die Tomaten abspülen, vierteln, entkernen und das Fruchtfleisch in Würfel schneiden. Tomatenwürfel, Essig, Salz und Pfeffer verrühren.

• Das Avocado-Fruchtfleisch mit einem Teelöffel aus der Schale lösen und mit der sauren Sahne mit dem Stabmixer fein pürieren. Mit Zitronensaft, Salz und Pfeffer abschmecken.

• Den Käse grob reiben. Die Salatblätter abspülen, trocken schütteln und in Streifen schneiden. Alle vorbereiteten Füllungen in Schälchen anrichten.

• Die Tortillas nacheinander in einer Pfanne ohne Öl (oder im Backofen) kurz erwärmen. Die Tortillas nach Belieben mit den vorbereiteten Zutaten füllen und aufrollen.

Tipps Als Füllung eignen sich, je nach Geschmack, auch Schinkenstreifen, Maiskörner, gehackte Oliven, Gurkenwürfel, Lauchzwiebelringe und vieles mehr.

Vorsicht beim Würzen mit Cayennepfeffer. Das rote Pulver besteht aus getrockneten Chilischoten, ist also nicht direkt mit dem Pfeffer verwandt. Die Schärfe kommt von dem Stoff Capsaicin, der um ein Vielfaches stärker ist als das Piperin des Pfeffers. Es entfaltet sich auch erst nach einigen Min. voll. Darum beim Nachwürzen etwas abwarten, sonst wird es schnell zu viel.

Sauce bolognese

braucht etwas Zeit | preiswert

4 Portionen
Zubereitungszeit 30 Min.
Garzeit 1 Std. 30 Min.
Pro Portion ca. 300 kcal, E 17 g, F 20 g, KH 7 g

je 1	Schalotte, Möhre, Staudensellerie
50 g	durchwachsener Speck
25 g	Butter
300 g	gemischtes Hackfleisch
1	Gewürznelke
1	Lorbeerblatt
125 ml	guter trockener Rotwein
175 ml	Gemüsebrühe
1 EL	Tomatenmark
	Meersalz, frisch gemahlener Pfeffer
1 Msp.	geriebene Muskatnuss
200 ml	Milch

- Schalotte und Möhre schälen und fein würfeln. Sellerie putzen, abspülen und fein würfeln. Speck in kleine Würfel schneiden.
- Butter in einem Schmortopf erhitzen, Gemüse, Hackfleisch, Nelke und Lorbeer darin unter Rühren in etwa 12 Min. goldbraun braten.
- Wein und Brühe dazugießen und kochen, bis die Flüssigkeit verdampft ist. Tomatenmark, Salz, Pfeffer und Muskat unterrühren. Die Milch erhitzen, dazugießen und alles zugedeckt bei kleiner Hitze etwa 1 Std. 30 Min. köcheln. Vor dem Servieren eventuell nochmal mit Salz und Pfeffer abschmecken.

Dazu Tagliatelle oder Spaghetti und frisch geriebener Parmesan

Variante Diese Sauce kommt fast ohne Tomate aus. Wer es fruchtiger mag, gibt eine kleine Dose (400 g) geschälte Tomaten dazu und lässt sie mitköcheln.

Tipp **Wir haben verschiedene Bolognese-Saucen in unserer Versuchsküche getestet und dabei festgestellt: Je länger eine Bolognese schmort, desto besser wird sie.**

Hackbraten

preiswert | schmeckt Kindern

8 Portionen
Zubereitungszeit 30 Min.
Garzeit 1 Std. 30 Min.
Pro Portion ca. 585 kcal, E 43 g, F 38 g, KH 17 g

2	Brötchen vom Vortag
150 g	eingelegte Paprikaschoten (aus dem Glas)
1 Dose	Maiskörner (Abtropfgewicht 285 g)
1 kg	gemischtes Hackfleisch
500 g	gewürztes Schweinemett
3	Eier
3 EL	Ajvar (Paprikapaste aus dem Glas)
3–4 EL	Röstzwiebeln (Fertigprodukt)
1 Bund	glatte Petersilie
	Salz, frisch gemahlener Pfeffer
500 g	Magerjoghurt
5 EL	Milch
je ½ Bund	glatte Petersilie und Basilikum (oder 1 Packung TK-gemischte Kräuter; 25 g)

• Den Backofen auf 180° (Umluft 160°, Gas Stufe 3) vorheizen. Die Brötchen in kaltem Wasser einweichen. Die Paprikaschoten abtropfen lassen und in kleine Würfel schneiden. Den Mais in ein Sieb geben und abtropfen lassen.

• Hackfleisch und Mett in eine große Rührschüssel geben. Die Brötchen mit den Händen gut ausdrücken, fein zerpflücken und zum Fleisch geben. Paprikawürfel, Maiskörner, Eier, Ajvar und Röstzwiebeln dazugeben. Die Petersilie abspülen und trocken schütteln. Die Petersilienblätter abzupfen, fein hacken und zum Hackfleisch geben.

• Den Fleischteig mit Salz und Pfeffer würzen und alles mit den Knethaken des Handrührgerätes zu einem glatten Teig verkneten. Das Hackfleisch mit angefeuchteten Händen zu einem Braten formen und in einen Bräter legen. Den Hackbraten zugedeckt im Ofen etwa 1 Std. 30 Min. braten.

• Für die Sauce Joghurt und Milch glatt rühren. Die Kräuter abspülen, trocken schütteln und fein hacken. Kräuter unter den Joghurt rühren und alles mit Salz und Pfeffer abschmecken.

• Den Braten aus dem Ofen nehmen und in Scheiben schneiden. Zusammen mit der Kräuter-Joghurt-Sauce servieren.

Dazu frischer Salat

Klassiker

Königsberger Klopse

Ein traditionsreiches Gericht, überliefert von Urgroßmutter über Großmutter zur Mama – so gehen Königsberger Klopse!

4	**Portionen**
	Zubereitungszeit 1 Std. 10 Min.
Pro Portion	**ca. 545 kcal, E 30 g, F 41 g, KH 16 g**

1	Brötchen vom Vortag
1	Zwiebel
3 EL	Butter
2–3	eingelegte Sardellenfilets
500 g	gemischtes Hackfleisch
1	Ei
	Salz, frisch gemahlener Pfeffer
	edelsüßes Paprikapulver
¾ l	klare Rindsbouillon
40 g	Mehl
1	Eigelb
100 g	Sahne
2 EL	eingelegte Kapern
	Zitronensaft zum Abschmecken

- Für die Klopse das Brötchen in kaltem Wasser einweichen. Eine kleine Untertasse auf das Brötchen legen; so bleibt es unter Wasser und wird schneller weich (Step 1). Die Zwiebel abziehen und sehr fein würfeln. 1 EL Butter in einer Pfanne erhitzen und die Zwiebelwürfel darin glasig dünsten. Abkühlen lassen.

- Die Sardellen fein hacken. Brötchen ausdrücken und fein zerpflücken. Hackfleisch, Brötchen, Zwiebel, Sardellen, Ei, Salz, Pfeffer und Paprika mit den Knethaken des Handrührgerätes zu einem glatten Fleischteig verkneten.

- Aus dem Fleischteig mit angefeuchteten Händen 8 Klöße rollen (Step 2). Mit nassen Händen werden die Klopse außen schön glatt.

- Die Bouillon in einem flachen, nicht zu großen Topf aufkochen. Die Klopse darin bei kleiner Hitze 15–20 Min. ziehen lassen, dabei nicht kochen. Sie sollten knapp mit Bouillon bedeckt sein. Herausnehmen und abgedeckt warm stellen.

- Für die Kapernsauce die Bouillon der Klopse durch ein feines Sieb gießen und ½ l abmessen. 2 EL Butter in einem Topf schmelzen und das Mehl darin unter Rühren andünsten. Die heiße Bouillon nach und nach hineingießen, dabei mit einem Schneebesen rühren, damit keine Klümpchen entstehen. Unter Rühren aufkochen und bei kleiner Hitze 10 Min. köcheln. Gelegentlich umrühren.

- Die Sauce vom Herd nehmen. Eigelb und Sahne verquirlen und langsam unter Rühren hineingießen (Step 3). Sauce nicht mehr kochen lassen, sonst gerinnt das Eigelb. Kapern dazugeben, die Sauce mit Salz und Zitronensaft abschmecken und über die Klopse in der Schüssel gießen.

1

2

3

Dazu

Reis und grüner Salat

Kohlrouladen

preiswert | gut vorzubereiten

6 Stück
Zubereitungszeit 1 Std., Garzeit 1 Std.
Pro Portion ca. 335 kcal, E 19 g, F 24 g, KH 11 g

1	großer Kopf Weißkohl
1	Brötchen vom Vortag
1	Zwiebel
500 g	gemischtes Hackfleisch
1	Ei
	Salz, frisch gemahlener Pfeffer
	edelsüßes Paprikapulver
1–2 TL	mittelscharfer Senf (nach Belieben)
2 EL	Butterschmalz zum Anbraten
etwa ½ l	Brühe zum Auffüllen
100 g	Sahne
	Soßenbinder (nach Belieben)

• Den Kohlkopf putzen und den Strunk von unten keilförmig herausschneiden. In einem sehr großen Topf reichlich Wasser aufkochen und den Kohl hineingeben. Er sollte mit Wasser bedeckt sein. Etwa 10 Min. bei mittlerer Hitze kochen.

• Den Kohl mit einer Schaumkelle herausnehmen und mindestens 6 große Außenblätter (je nach Größe) ablösen. Falls sie sich nicht ablösen lassen, den Kohlkopf nochmal ins Wasser geben. (Restlichen Kohl anderweitig verwenden.) Die Blätter auf die Arbeitsfläche legen und die dicken Blattrippen flach schneiden.

• Für die Füllung das Brötchen in kaltem Wasser einweichen; eventuell einen kleinen Teller auf das Brötchen legen, damit es nicht nach oben schwimmt. Die Zwiebel abziehen und fein würfeln.

• Das Brötchen mit den Händen gut ausdrücken und etwas zerpflücken. Brötchen mit Zwiebelwürfeln, Hackfleisch, Ei, Gewürzen und Senf mit den Knethaken des Handrührgerätes zu einem glatten Fleischteig verarbeiten.

• Fleischteig in 6 Portionen teilen. Jede Portion zu einer kurzen Rolle formen und auf die Kohlblätter legen. Die Seiten der Kohlblätter um die Füllung schlagen. Blätter von der dicken Blattrippe aus aufrollen. Die Rouladen mit Küchengarn (oder weißem Baumwollgarn) umwickeln.

• Butterschmalz in einem Bräter erhitzen und die Kohlrouladen darin rundherum kräftig braun anbraten. Brühe dazugießen und den Bräter zudecken. Bei mittlerer Hitze etwa 1 Std. schmoren.

• Die Rouladen herausnehmen und warm stellen. Sahne zum Fond gießen und aufkochen lassen. Soßenbinder einrühren, kurz aufkochen lassen. Mit Salz, Pfeffer und Paprika abschmecken. Kohlrouladen mit der Sauce servieren.

Kartoffel-Hackfleisch-Salat

preiswert | für Gäste

4	**Portionen**
	Zubereitungszeit 35 Min.
Pro Portion	**ca. 720 kcal, E 33 g, F 34 g, KH 69 g**

1 kg	kleine gegarte Pellkartoffeln
4 EL	Olivenöl
50 g	ganze Mandeln
1	Schalotte
1	Knoblauchzehe
5	Datteln
50 g	Orangeat
250 g	Cocktailtomaten
2 Bund	Minze
400 g	Lammhackfleisch (beim Metzger vorbestellen; oder gemischtes Hackfleisch)
	Salz
2–3 TL	gemahlener Koriander
3–4 TL	Kreuzkümmel
	frisch gemahlener Pfeffer
500 g	Vollmilchjoghurt

• Die Kartoffeln pellen. 2 EL Öl in einer Pfanne erhitzen und die Kartoffeln darin in etwa 5 Min. goldbraun braten, herausnehmen und beiseitestellen.

• Ein wenig Wasser aufkochen, die Mandeln hineingeben und 2 Min. stehen lassen. Abgießen und die Mandeln aus den braunen Häutchen drücken. Schalotte und Knoblauchzehe abziehen und fein hacken. Die Datteln halbieren, entkernen und vierteln. Orangeat fein hacken.

• Die Tomaten abspülen, trocken tupfen und halbieren. Mandeln abtrocknen und in einer beschichteten Pfanne ohne Fett hellbraun rösten, beiseitestellen. Minze abspülen, trocken schütteln, die Blättchen abzupfen und fein hacken.

• Das restliche Öl erhitzen und Schalotte und Knoblauch darin glasig braten. Hackfleisch hinzufügen und unter Rühren bei starker Hitze krümelig anbraten. Mit Salz, Koriander, Kreuzkümmel und Pfeffer abschmecken. Dattelviertel und Orangeat unterheben und etwa 5 Min. mitbraten.

• Kartoffeln, Hackfleisch, Tomaten, Mandeln und die Hälfte der Minze verrühren. Joghurt mit der restlichen Minze, Kreuzkümmel, Salz und Pfeffer abschmecken.

• Den Minzjoghurt extra zum Kartoffelsalat servieren.

Bunte Pizza mit Mett

einfach | preiswert

16 Stücke
Zubereitungszeit 1 Std.
Ruhezeiten 2 Std. 20 Min., Backzeit 20 Min.
Pro Stück ca. 270 kcal, E 12 g, F 12 g, KH 28 g

500 g	Mehl (Type 550)
1 Würfel	Hefe (42 g)
	Zucker, Salz
4 EL	Olivenöl
	Mehl zum Ausrollen
1 Dose	Kichererbsen (Abtropfgewicht 240 g)
70 ml	Gemüsebrühe
1 EL	Crème fraîche
1 EL	heller Essig (z. B. Apfelessig)
1	Knoblauchzehe
	frisch gemahlener Pfeffer
	gemahlener Kreuzkümmel
100 g	getrocknete Soft-Aprikosen
500 g	gewürztes Schweinemett
2 TL	Currypulver
50 g	Cashewkerne
100 g	Blattsalat (z. B. Römersalat)

• Für den Pizzateig Mehl in eine Schüssel geben und in die Mitte eine Mulde drücken. Etwa 8 EL lauwarmes Wasser, die zerbröckelte Hefe und 1 TL Zucker hineingeben, mit etwas Mehl vom Rand zu einem dickflüssigen Vorteig verrühren. Abgedeckt an einem warmen Ort etwa 20 Min. gehen lassen.

• 2 TL Salz, 2 EL Öl und etwa ¼ l lauwarmes Wasser zum Vorteig geben. Mit den Knethaken des Handrührgerätes zu einem glatten Teig verkneten. Falls der Teig zu trocken ist, noch etwas Wasser zufügen. Mit den Händen kräftig kneten und abgedeckt etwa 2 Std. gehen lassen, bis sich das Teigvolumen verdoppelt hat.

• Den Teig nochmal kräftig kneten und auf wenig Mehl in Größe des Backblechs ausrollen. Pizzateig auf ein mit Backpapier ausgelegtes Backblech legen. Den Backofen auf 220° (Umluft 200°, Gas Stufe 5) vorheizen.

• Die Kichererbsen abtropfen lassen; mit Brühe, Crème fraîche, Essig und restlichem Öl fein pürieren. Knoblauch schälen und durch die Knoblauchpresse dazudrücken. Das Mus mit Salz, Pfeffer und Kreuzkümmel würzen.

• Für den Belag die Aprikosen würfeln und unter das Schweinemett kneten. Mit Salz, Curry und Pfeffer kräftig würzen. Kichererbsenmus auf den Pizzateig streichen und mit einem Messer 16 Portionen markieren. In die Mitte der Portionen das Mett bröckeln. Die Cashewkerne grob hacken und darüberstreuen. Die Pizza im Ofen 20 Min. backen.

• Den Salat putzen, abspülen, trocken schleudern und in feine Streifen schneiden. Zum Servieren über die Pizza streuen.

Kurzgebraten

Steak, Schnitzel, Kotelett, Medaillon und Co. sind pflegeleichte Gäste in der Pfanne: Sie brauchen nur ein paar Minuten Zuwendung – und belohnen Sie dafür mit einem Genuss, der den ganzen Tag rettet!

Steaks mit Tomatenragout

einfach | für Gäste

4 Portionen
Zubereitungszeit 50 Min.
Pro Portion ca. 330 kcal, E 27 g, F 18 g, KH 15 g

2 kg	Fleischtomaten
3	Zwiebeln (150 g)
1 Stück	Knollensellerie (100 g)
1	Möhre (100 g)
2 TL	Korianderkörner
½	Bio-Orange
2 Stängel	Petersilie
2 EL	Olivenöl
	Meersalz, frisch gemahlener Pfeffer
2 EL	Orangenlikör nach Belieben
400 g	hauchdünne Scheiben Rindersteak
2 EL	Butterschmalz

- Die Fleischtomaten kreuzweise einritzen, mit kochendem Wasser überbrühen, kalt abspülen und die Haut abziehen. Die Stielansätze entfernen. Die Tomaten quer halbieren und die Flüssigkeit mit den Kernen herausdrücken.

- Zwiebeln abziehen und vierteln. Sellerie und Möhre schälen und sehr fein würfeln. Die Korianderkörner in einem Mörser grob zerstoßen. Die Orange abspülen, gut trocken tupfen und die Schale mit einem Sparschäler dünn wie einen Apfel abschälen. Petersilie abspülen.

- Das Öl in einem Topf erhitzen und Zwiebeln, Sellerie, Möhre und Koriander darin anbraten. Tomaten, Orangenschale und Petersilienstängel dazugeben. Mit Salz und Pfeffer würzen und alles bei kleiner Hitze etwa 15 Min. schmoren.

- Das Tomatenragout mit Salz, Pfeffer und eventuell Orangenlikör abschmecken.

- Inzwischen das Fleisch abspülen und mit Küchenkrepp trocken tupfen. In einer Pfanne das Butterschmalz erhitzen und die Steaks darin bei großer Hitze von jeder Seite 2 Min. braten. Mit Salz und Pfeffer würzen und zusammen mit dem Tomatenragout anrichten.

Dazu Bandnudeln oder Bauernbrot

Wok mit Rind *und Gemüse*

schnell | einfach

3	**Portionen**
	Zubereitungszeit 20 Min.
Pro Portion	**ca. 305 kcal, E 28 g, F 13 g, KH 10 g**

je 125 g	Shiitake- und Austernpilze
1	rote Paprikaschote
125 g	Zuckerschoten
2	Lauchzwiebeln
300 g	Hüftsteak (vom Rind)
	Meersalz, frisch gemahlener Pfeffer
je ½ Bund	Minze und Koriandergrün
50–75 g	Erbsensprossen (oder andere frische Sprossen)
2 EL	Sonnenblumenöl
1–2 EL	Sesamöl
100 ml	Reiswein (Sake) oder Brühe
½ TL	Zucker

• Pilze säubern, von den Stielenden befreien und etwas kleiner schneiden. Paprikaschote halbieren, entkernen, abspülen und in feine Streifen schneiden. Zuckerschoten abspülen und ebenfalls in feine Streifen schneiden. Lauchzwiebeln putzen, abspülen und fein würfeln.

• Rindfleisch abspülen, trocken tupfen, mit Salz und Pfeffer gut einreiben und in dünne Scheiben schneiden. Kräuter abspülen, trocken schütteln und die Blätter fein hacken. Erbsensprossen verlesen, abspülen und trocken schütteln.

• Sonnenblumen- und Sesamöl im Wok (oder einer beschichteten Pfanne) sehr stark erhitzen. Das Fleisch portionsweise darin anbraten und herausnehmen. Die Pilze im Bratfett scharf anbraten, Paprika, Zuckerschoten und Lauchzwiebeln zufügen. Fleisch dazugeben, alles verrühren und kurz braten.

• Reiswein (Sake) dazugießen, etwa 1 Min. einkochen lassen und mit Salz, Pfeffer und Zucker abschmecken. Vom Herd nehmen, die Kräuter und Sprossen unterrühren. Sofort servieren.

Tipp **Die Mengen sollten lieber nicht erhöht werden – Wokgerichte sind deshalb so toll, weil das Fleisch schnell gar ist und das Gemüse knackig bleibt. Bei großen Mengen kann das Fleisch im Wok auch leicht zäh werden, weil es nicht schnell genug braun gebraten wird.**

Pfeffer-Filet mit Pak-Choi

schnell | etwas teurer

2	**Portionen**
	Zubereitungszeit 25 Min.
Pro Portion	**ca. 575 kcal, E 37 g, F 30 g, KH 19 g**

2	Rinderfiletsteaks (à etwa 150 g)
	grob zerstoßener schwarzer Pfeffer
2 EL	Sesamsamen
½ TL	Meersalz
400 g	Mini-Pak-Choi (Asia-Laden)
1–2	Knoblauchzehen
3 EL	Öl
1–2 EL	brauner Zucker
75 ml	Wodka (oder Bitter Lemon)

- Die Rindersteaks abspülen und trocken tupfen. 1 gestrichenen EL Pfeffer, Sesam und Salz mischen und die Steaks darin wenden.
- Pak-Choi putzen, abspülen und eventuell die Stiele voneinander lösen. Knoblauch mit Schale auf der Arbeitsfläche grob zerdrücken.
- Das Öl im Wok erhitzen und die Filetstücke darin bei starker Hitze pro Seite etwa 4 Min. braten. Herausnehmen, fest in Alufolie wickeln und dann etwa 10 Min. ruhen lassen.
- Pak-Choi-Blätter und Knoblauch in den Wok geben und darin braten. Zucker darüberstreuen und kurz schmelzen lassen. Den Wodka dazugießen und den Pak-Choi darin etwa 3–5 Min. braten. Mit Salz würzen.
- Die Filetstücke aus der Folie nehmen und den Fleischsaft zum Gemüse in den Wok gießen. Das Fleisch in Scheiben schneiden.
- Pak-Choi auf einer Platte anrichten und die Fleischscheiben darauf anrichten. Mit dem Wodkasud beträufeln und sofort servieren.

Dazu Ciabatta-Brot

Tipps **Statt Mini-Pak-Choi normal großen Pak-Choi nehmen. Die Garzeit verlängert sich um 3–5 Min.**

Statt Pak-Choi kann auch junger Spinat genommen werden.

Chili mit Rumpsteak

raffiniert | für Gäste

4	**Portionen**
	Zubereitungszeit 35 Min.
Pro Portion	**ca. 275 kcal, E 22 g, F 17 g, KH 9 g**
2	kleine Zwiebeln
1	Knoblauchzehe
2	Chilischoten
4 Zweige	Thymian
3 EL	Olivenöl
2	Rumpsteaks (à 150 g)
	Salz, frisch gemahlener Pfeffer
2 EL	Balsamessig
1 Dose	Kidneybohnen (265 g Abtropfgewicht)
250 g	Cocktailtomaten
	einige Spritzer Tabasco

Tipp

Noch frischer wird das Chili mit etwas Zitronensaft und reichlich gehackter Petersilie.

• Zwiebeln abziehen und fein würfeln. Knoblauch abziehen. Chilischoten längs halbieren, entkernen und fein hacken (möglichst mit der Küchenmaschine). Den Thymian abspülen, die Blättchen abzupfen.

• Das Öl in einer Pfanne erhitzen. Das Fleisch darin von jeder Seite 2–3 Min. scharf anbraten. Fleisch aus der Pfanne nehmen, mit Salz und Pfeffer würzen und in Alufolie wickeln.

• Knoblauch zerdrücken und mit Zwiebeln und Chili im heißen Bratfett glasig dünsten. Thymianblättchen und Essig dazugeben. Bei starker Hitze kochen, bis fast die ganze Flüssigkeit verdampft ist. Abkühlen lassen.

• Das Fleisch aus der Folie nehmen, dabei den Bratensaft auffangen und in die Pfanne geben. Das Fleisch in Streifen schneiden, in die Pfanne geben und gut mischen.

• Die Bohnen auf ein Sieb gießen, kalt abspülen und gut abtropfen lassen. Die Tomaten abspülen und halbieren oder vierteln. Fleisch und Sud mit Bohnen und Tomaten mischen und mit Tabasco abschmecken. Nochmal kurz erwärmen.

Dazu Fladenbrot

Saltimbocca alla romana

etwas teurer | schnell

3 **Portionen**
Zubereitungszeit 20 Min.
Pro Portion ca. 355 kcal, E 39 g, F 16 g, KH 5 g

- 6 sehr dünne Kalbsschnitzel (à etwa 80 g)
- 6 dünne Scheiben Parmaschinken
- frisch gemahlener Pfeffer
- 12 Salbeiblätter
- 3 EL Olivenöl
- 7 EL Marsala-Wein (oder Brühe mit 1 Spritzer Zitronensaft)
- Salz

• Die Schnitzel kurz abspülen und mit Küchenkrepp gut trocken tupfen. Schnitzel und Schinkenscheiben halbieren. Die Schnitzel mit Pfeffer würzen, mit ½ Schinkenscheibe und 1 Salbeiblatt belegen. Schinken und Salbei mit einem Holzspießchen auf dem Fleisch feststecken.

• Das Öl in einer Pfanne erhitzen. Das Fleisch darin portionsweise zuerst auf der Salbeiseite 2–3 Min. braten. Wenden und 2–3 Min. weiterbraten. Schnitzel aus dem Bratfett nehmen und warm stellen.

• Den Marsala ins Bratfett geben und etwas einkochen lassen. Die Sauce mit Salz und Pfeffer abschmecken und eventuell durch ein Sieb gießen. Sauce über die Saltimbocca geben und sofort servieren.

Dazu Ciabatta-Brot

Tipps Das klassische Saltimbocca wird grundsätzlich aus Kalbfleisch zubereitet. Wenn es nicht ganz so klassisch sein muss, kann man auch dünn geschnittene Schweine- oder Putenschnitzel nehmen.

Marsala-Wein ist ein sizilianischer Dessertwein, der aus verschiedenen Weißweinen verschnitten wird. Es gibt ihn dolce (süß) oder secco (trocken). Marsala wird, ähnlich wie Sherry, häufig auch zum Kochen und für Süßspeisen verwendet.

Kalbsröllchen mit Pesto

etwas teurer | einfach

2	**Portionen**
	Zubereitungszeit 35 Min.
Pro Portion	**ca. 370 kcal, E 39 g, F 16 g, KH 3 g**

2	dünne Kalbsschnitzel (à 180 g; oder Schweineschnitzel)
	Salz, frisch gemahlener Pfeffer
2 EL	rotes Pesto (siehe Tipp)
1 EL	Öl
200 g	Cocktailtomaten
150 ml	Weißwein (oder Brühe mit etwas Zitronensaft)

- Die Kalbsschnitzel abspülen und mit Küchenkrepp gut trocken tupfen. Die Fleischscheiben in einem aufgeschnittenen Gefrierbeutel flach klopfen oder mit der breiten Seite eines großen Messer ausstreichen.
- Das Fleisch mit Salz und Pfeffer würzen und auf einer Seite mit Pesto bestreichen. Die Schnitzel aufrollen und jeweils in 4–5 Röllchen schneiden. Die Röllchen mit Holzspießen feststecken.
- Das Öl in einer Pfanne erhitzen und die Kalbsröllchen darin rundum etwa 6 Min. braten.
- Die Tomaten abspülen und zu den Röllchen in die Pfanne geben. Weitere 4 Min. braten und den Weißwein dazugießen. Mit Salz und Pfeffer würzen.

Dazu Ciabatta-Brot

Tipp **Rotes Pesto ist eine Paste, die aus getrockneten Tomaten, Olivenöl und Gewürzen hergestellt wird. Das Pesto ist würzig und eignet sich auch zum Verfeinern von Saucen.**

Schweinemedaillons auf Tomaten

für Gäste | einfach

2 Portionen
Zubereitungszeit 30 Min.
Pro Portion ca. 385 kcal, E 41 g, F 21 g, KH 7 g

2	Fleischtomaten
	Salz, frisch gemahlener Pfeffer
4	Schweinemedaillons (à 80 g)
2	EL Olivenöl
100 g	Meerrettich-Frischkäse
1–2 EL	Milch
	Schnittlauch zum Anrichten

• Die Tomaten abspülen und quer halbieren. Die Hälften kräftig mit Salz und Pfeffer würzen.

• Die Medaillons abspülen, mit Küchenkrepp gut trocken tupfen und mit Salz und Pfeffer würzen.

• Das Öl in einer Pfanne erhitzen und die Medaillons darin von jeder Seite kräftig anbraten. Die Tomaten mit der Schnittseite nach unten zufügen und alles zugedeckt 10 Min. schmoren.

• Inzwischen den Meerrettich-Frischkäse mit der Milch glatt rühren und mit Salz und Pfeffer würzen.

• Die Schweinemedaillons schräg in Scheiben schneiden und auf den Tomaten anrichten. Mit dem Bratfett beträufeln, die Meerrettichcreme daraufgeben und alles mit Schnittlauch dekorieren.

Dazu Kartoffel-Wedges oder Kartoffelgratin

Tipp **Wenn Kinder mitessen, eventuell lieber Kräuterfrischkäse nehmen, Meerrettich könnte zu scharf sein.**

Klassiker

Wiener Schnitzel

Voraussetzung für ein gutes Wiener Schnitzel ist bestes Kalbfleisch. Und das Schnitzel muss dünn, knusprig und saftig zugleich sein. Ob die Panade Wellen schlägt oder glatt bleibt, ist Ansichtssache.

2	**Portionen**
	Zubereitungszeit 20 Min.
Pro Portion	**ca. 490 kcal, E 41 g, F 27 g, KH 22 g**

2	Kalbschnitzel (à 160 g; aus der Keule, quer zur Faser geschnitten)
2–3 EL	Mehl
1	Ei
4–5 EL	Semmelbrösel
	Salz
	Fett zum Frittieren (z. B. Butterschmalz)
	Zitronenspalten und Petersilie zum Anrichten

• Die Schnitzel trocken tupfen und in einen großen aufgeschnittenen Gefrierbeutel legen. Das Fleisch mit der glatten Seite eines Fleischklopfers oder einer Pfanne mit schwerem Boden dünn ausstreichen, bis es etwas 4 mm dick ist (Step 1).

• Mehl, Ei und Semmelbrösel in separate Teller geben, das Ei nur leicht verquirlen. Das Fleisch salzen und in Mehl wenden. Überschüssiges Mehl abklopfen. Das Schnitzel dann in Ei und zum Schluss in Semmelbröseln wenden (Step 2).

• Reichlich Butterschmalz in einer großen Pfanne auf etwa 180° erhitzen (die Temperatur ist richtig, wenn von einem in das Fett getauchten Holzlöffel kleine Blasen aufsteigen).

• Die Schnitzel in das heiße Fett legen und von jeder Seite in 2–3 Min. goldbraun braten (Step 3). Dabei wellt sich die Panade und geht luftig auf. Die Schnitzel sollten im Fett schwimmen und sich nicht berühren. Pfanne gelegentlich leicht rütteln.

• Das Fleisch aus der Pfanne nehmen, kurz auf Küchenkrepp abtropfen lassen und sofort mit Zitronenspalten und Petersilie anrichten.

Dazu Petersilienkartoffeln oder Kartoffelsalat

Tipp **Eine flache Panade bekommen die Schnitzel, wenn die Eihülle dünn ist – also gut abtropfen lassen, bevor es in die Semmelbrösel geht.**

1

2

3

i made it myself!

Cordon bleu mit Gurkensalat

schnell | einfach

2 **Portionen**
Zubereitungszeit 30 Min.
Pro Portion **ca. 435 kcal, E 38 g, F 22 g, KH 19 g**

1	Salatgurke
je ½ Bund	Dill und Schnittlauch (oder 2 EL TK-8-Kräuter-Mischung)
3 EL	Zitronensaft
1 EL	Zucker
2 EL	Öl
	Salz, frisch gemahlener Pfeffer
4	Minutenschnitzel (extra dünne Schweineschnitzel, à etwa 70 g)
1 Scheibe	gekochter Schinken (30 g)
25 g	geriebener Gouda-Käse
2 EL	Mehl

- Für den Gurkensalat die Gurke abspülen, eventuell schälen und in dünne Scheiben schneiden oder hobeln. Kräuter abspülen, trocken schütteln und klein schneiden. Zitronensaft, Zucker, Kräuter und 1 EL Öl verrühren und mit Salz und Pfeffer abschmecken. Sauce und Gurke mischen.
- Für das Cordon bleu die Schnitzel abspülen und mit Küchenkrepp gut trocken tupfen. Die Schnitzel zwischen zwei Lagen Frischhaltefolie flach klopfen und mit Salz und Pfeffer würzen.
- Den Schinken halbieren. Jeweils 1 Stück Schinken und etwas geriebenen Gouda zwischen 2 Schnitzel legen und die Ränder mit Holzspießchen zusammenstecken. Schnitzel mit Salz und Pfeffer würzen und in Mehl wenden.
- 1 EL Öl in einer Pfanne erhitzen und die Cordon bleu darin von jeder Seite etwa 5 Min. braten. Schnell mit dem Gurkensalat servieren.

Dazu Kartoffelpüree

Tipp **Der Gurkensalat schmeckt auch wunderbar zum Wiener Schnitzel (Seite 50).**

Koteletts mit Kräuterbutter

einfach | raffiniert

4	**Portionen**
	Zubereitungszeit 30 Min.
	Ruhezeit 1 Std.
Pro Portion	**ca. 405 kcal, E 25 g, F 34 g, KH 1 g**

3	Knoblauchzehen
½ TL	schwarze Pfefferkörner
2 EL	Sojasauce
3 EL	Öl
4	Schweinekoteletts (à 170 g)
1 Bund	krause Petersilie
2 Zweige	Minze
1	kleine rote Zwiebel
100 g	weiche gesalzene Butter
	Butterschmalz zum Braten

• 2 Knoblauchzehen abziehen und durch die Presse drücken. Den Pfeffer zerstoßen. Knoblauch, Sojasauce, Öl und Pfeffer verrühren.

• Die Koteletts abspülen, mit Küchenkrepp trocken tupfen und mit der Marinade bestreichen. In Folie gewickelt für mindestens 1 Std. in den Kühlschrank stellen.

• Petersilie und Minze abspülen, trocken schütteln und fein hacken. Übrigen Knoblauch und die Zwiebel abziehen. Zwiebel fein würfeln, Knoblauch zerdrücken. Die Butter mit Knoblauch, Zwiebelwürfeln und Kräutern verrühren. Kalt stellen.

• Butterschmalz in einer Pfanne erhitzen. Die Koteletts darin von beiden Seiten je 4 Min. braten (sie sehen besonders schön aus, wenn sie in einer Grillpfanne gebraten werden). Mit der Kräuterbutter servieren.

Dazu kleine, knusprig gebratene Kartoffelwürfel und grüner Salat

Tipp **Die Kräuterbutter lässt sich prima einfrieren. Einfach gleich die doppelte Menge zubereiten, in Butterbrotpapier zu einer Rolle formen und in das Tiefkühlgerät legen. Die Kräuterbutter hält sich etwa 2 Monate.**

Stielkoteletts mit Ingwer

raffiniert | asiatisch

4 **Portionen**
Zubereitungszeit 45 Min.
Marinierzeit 2 Std.
Pro Portion **ca. 355 kcal, E 35 g, F 14 g, KH 11 g**

- 50 g kandierter Ingwer
- ¼ l Reiswein (Mirin; s. Tipp), Weißwein oder Apfelsaft
- 2 EL Barbecuesauce (oder Tomatenketchup)
- 2 EL Sojasauce
- 4 magere Schweinekoteletts (à 150 g)
- 400 g Möhren
- 200 g Zuckerschoten
- ¼ l Geflügelfond oder -brühe
- 1 TL Speisestärke
- 2 EL Rapsöl
- Salz, frisch gemahlener Pfeffer
- ½ Bund Zitronenmelisse

Tipp
Mirin ist ein süßer japanischer Reiswein. Er wird nur zum Kochen verwendet. Angebrochene Flaschen halten sich im Kühlschrank wochenlang.

• Ingwer in dünne Streifen schneiden und mit dem Reiswein, der Barbecuesauce und der Sojasauce verrühren.

• Die Koteletts abspülen, mit Küchenkrepp trocken tupfen und mit der Marinade bestreichen. Zugedeckt für mindestens 2 Std. kalt stellen.

• Die Möhren schälen, die Zuckerschoten abspülen und putzen. Das Gemüse in Streifen schneiden. Den Backofen auf 100° (Gas Stufe 1) vorheizen.

• Die Koteletts aus der Marinade nehmen und trocken tupfen. Die Marinade auffangen und mit Geflügelfond und Speisestärke verrühren.

• Das Öl in einer Pfanne erhitzen und die Koteletts darin von jeder Seite etwa 4 Min. braten. Herausnehmen und im Backofen warm stellen. Das Gemüse in die Pfanne geben, etwa 4 Min. unter Rühren anbraten, herausnehmen und warm stellen. Die angerührte Marinade in der Pfanne aufkochen. Mit Salz und Pfeffer abschmecken.

• Zitronenmelisse fein hacken und unter das Gemüse mischen. Mit Salz und Pfeffer abschmecken und mit Koteletts und Sauce anrichten.

Dazu Reis oder Kartoffeln

Kasseler in Orangensauce

schnell | einfach

4	**Portionen**
	Zubereitungszeit 30 Min.
Pro Portion	**ca. 685 kcal, E 38 g, F 21 g, KH 85 g**

700 g	Kasseler ohne Knochen
100 ml	frisch gepresster Orangensaft
250 g	Rotes Johannisbeergelee
300 g	TK-Erbsen
2 Päckchen	Basmati-Express-Reis (à 250 g)
2 TL	grobkörniger Senf
	Salz, frisch gemahlener Pfeffer

• Das Kasseler abspülen und mit Küchenkrepp trocken tupfen. Das Fleisch in Scheiben schneiden.

• Orangensaft und Johannisbeergelee in einen Topf geben und aufkochen, bis sich das Gelee gelöst hat. Die Kasselerscheiben zufügen und zugedeckt bei mittlerer Hitze etwa 8 Min. ziehen lassen.

• Inzwischen die Erbsen in kochendes Wasser geben und etwa 3 Min. kochen. In ein Sieb gießen und abtropfen lassen.

• Gleichzeitig den Reis nach Packungsangabe erhitzen. Fertigen Reis mit den Erbsen mischen.

• Den Senf in die Orangensauce rühren und mit Salz und Pfeffer würzen. Die Kasselerscheiben mit der Orangensauce auf dem Erbsenreis anrichten und servieren.

Tipp **Die Kasselerscheiben nur ganz schwach kochen lassen. Bekommen sie zu viel Hitze, wird das Fleisch hart und zäh.**

Souvlaki

einfach | preiswert

4	**Portionen**
	Zubereitungszeit 20 Min.
	Marinierzeit 1 Std.
Pro Portion	**ca. 390 kcal, E 24 g, F 31 g, KH 3 g**

500 g	Schweinefleisch (Nacken oder Keule)
1	Zitrone
1	Knoblauchzehe
1 TL	getrockneter Oregano
	Salz
4 EL	Olivenöl
	frisch gemahlener Pfeffer
	Zitronen zum Anrichten

• 16 Holzspieße in kaltes Wasser legen, damit sie später nicht verbrennen. Außerdem lässt sich so das Fleisch später besser vom Spieß ziehen.

• Das Fleisch abspülen, mit Küchenkrepp trocken tupfen und in kleine Würfel schneiden (siehe Tipp). Die Zitrone auspressen. Knoblauch abziehen und fein zerdrücken. Knoblauch, Zitronensaft, Oregano, Salz und Öl mit einem Schneebesen verrühren. Das Fleisch in der Marinade wenden und zugedeckt im Kühlschrank etwa 1 Std. durchziehen lassen.

• Das Fleisch in einem Sieb abtropfen lassen oder mit Küchenkrepp trocken tupfen. Jeweils 6–8 Würfel auf die Spieße ziehen.

• Die Spieße entweder auf dem Holzkohle- oder Elektrogrill von jeder Seite etwa 2 Min. grillen. Oder auf ein mit Alufolie ausgelegtes Backblech legen und unter dem vorgeheizten Backofen-Grill oder im auf höchste Stufe vorgeheizten Backofen 5–6 Min. grillen.

• Die Souvlaki salzen, pfeffern und mit reichlich Zitronenvierteln anrichten.

Tipp **Vom Metzger ca. 500 g Schweinenacken ohne Knochen in 2–3 cm dicke Koteletts schneiden lassen. Dann lässt sich das Fleisch schnell in kleine Würfel schneiden.**

Schnelles Gyros

einfach | schmeckt Kindern

2 **Portionen**
Zubereitungszeit 20 Min.
Marinierzeit 20 Min.
Pro Portion **ca. 370 kcal, E 27 g, F 20 g, KH 4 g**

250 g Schweinenacken
150 g Gemüsezwiebel
3 EL Sonnenblumenöl
Salz, frisch gemahlener Pfeffer
1 Knoblauchzehe

- Das Fleisch abspülen, mit Küchenkrepp trocken tupfen und in dünne Streifen schneiden, dabei größere Fettstücke wegschneiden.
- Die Zwiebel abziehen, halbieren und in feine Ringe schneiden. Zwiebel, Fleisch, Öl, Salz und Pfeffer mischen und mindestens 20 Min. marinieren lassen.
- Eine Pfanne ohne Fett erhitzen. Das marinierte Fleisch in die heiße Pfanne geben und unter Rühren in 5–8 Min. braun und knusprig braten.
- Den Knoblauch abziehen. Kurz bevor das Fleisch fertig gebraten ist, die Knoblauchzehe dazupressen und kurz mitbraten.

Dazu Tsatziki (Knoblauch-Joghurt mit Gurke)

Tipps **Den typischen Geschmack bekommt das Gyros mit einer Gewürzmischung. Die gibt's fertig zu kaufen.**

Das Fleisch kann auch mit geraspeltem Gemüse und Tsatziki in gewärmten und aufgeschnittenen Fladenbroten gegessen werden.

Lamm mit Kichererbsen-Dip

schnell | etwas teurer

4 **Portionen**
Zubereitungszeit 30 Min.
Pro Portion **ca. 605 kcal, E 39 g, F 39 g, KH 24 g**

---

750 g	dicke Möhren
2	längliche Schalotten
4	Lammlachse (ausgelöster Lammrücken; à 180 g)
1 EL	Butterschmalz
	Salz, frisch gemahlener Pfeffer
6	Kardamomkapseln (oder ½ TL gemahlener Kardamom)
200 ml	Orangensaft
1 Dose	Kichererbsen (240 g Abtropfgewicht)
4 EL	Ajvar (Paprikapaste)

• Die Möhren putzen, schälen und in dicke Stifte schneiden. Schalotten abziehen, halbieren und in Streifen schneiden. Die Lammlachse abspülen und mit Küchenkrepp trocken tupfen.

• Das Butterschmalz in einer großen Pfanne erhitzen. Die Lammlachse darin anbraten. Mit Salz und Pfeffer würzen und herausnehmen. In Alufolie wickeln und warm halten.

• Schalotten und Möhren ins Bratfett geben und anbraten. Die Kardamomkapseln in einem Mörser oder mit der flachen Seite eines breiten Messers zerdrücken. Kardamom und 150 ml Orangensaft zu den Möhren in die Pfanne geben. Mit Salz und Pfeffer würzen und die Möhren zugedeckt bei mittlerer Hitze 5 Min. schmoren.

• Das Fleisch auswickeln, auf die Möhren legen und zugedeckt weitere 4 Min. schmoren. Inzwischen die Kichererbsen in ein Sieb gießen, mit Wasser abspülen und abtropfen lassen. Kichererbsen, Ajvar und restlichen Orangensaft mit dem Stabmixer fein pürieren. Den Kichererbsen-Dip mit Salz und Pfeffer würzen und zu den Möhren und Lammlachsen servieren.

Dazu Fladenbrot

Tipp **Ajvar ist eine rote Paste, die aus Paprikaschoten hergestellt wird. Die Schoten werden geschmort, zu feinem Püree zerkleinert und eingekocht. Pikant gewürzt schmeckt Ajvar als Brotaufstrich und in Saucen oder pur zu gebratenem oder gegrilltem Fleisch.**

Lamm-Chops mit Kartoffeln

schnell | einfach

2	**Portionen**
	Zubereitungszeit 30 Min.
Pro Portion	**ca. 480 kcal, E 43 g, F 24 g, KH 23 g**
1	Knoblauchzehe
100 g	fettreduzierter Frischkäse (14 %)
4 Stängel	Koriandergrün
	Salz, frisch gemahlener Pfeffer
4	Lamm-Chops (Lammkoteletts; à 80 g)
2 EL	Öl
2	Baby-Bananen
6	kleine, gegarte Pellkartoffeln (vorwiegend festkochend)
1 EL	Currypulver

• Den Backofen auf 80° (Umluft 60°, Gas Stufe 1) vorheizen. Den Knoblauch abziehen, durch die Knoblauchpresse drücken und unter den Frischkäse rühren. Den Koriander abspülen, trocken schütteln, die Blätter abzupfen und in Streifen schneiden. Die Hälfte vom Koriander unter den Frischkäse rühren. Mit Salz und Pfeffer abschmecken.

• Die Lamm-Chops abspülen und mit Küchenkrepp trocken tupfen. Das Fett am Rand mit einem Messer 3- bis 4-mal leicht einschneiden, damit sich das Kotelett beim Braten nicht wölbt.

• Das Öl in einer Pfanne erhitzen und die Chops darin von jeder Seite 2 Min. anbraten (das Bratfett aufbewahren). Das Fleisch mit Salz und Pfeffer würzen. Lamm-Chops in Alufolie wickeln und im Ofen etwa 15 Min. weitergaren.

• Die Bananen schälen und schräg in Scheiben schneiden. Die Kartoffeln abspülen, vierteln und in der Pfanne im Bratfett kross braten. Curry und Bananen zu den Kartoffeln in die Pfanne geben und 1 Min. mitbraten. Salzen.

• Kartoffeln und Bananen aus der Pfanne nehmen und mit dem restlichen Koriander bestreuen. Mit dem Korianderfrischkäse und dem Fleisch servieren.

Leber-Saltimbocca mit Polenta

einfach | schnell

4	**Portionen**
	Zubereitungszeit 40 Min.
Pro Portion	**ca. 625 kcal, E 34 g, F 32 g, KH 46 g**

800 ml	Milch
125	Polenta-Grieß (Maisgrieß)
	Salz, frisch gemahlener Pfeffer
400 g	dünn geschnittene Kalbsleber (beim Metzger vorbestellen)
100 g	Parmaschinken
1 Bund	Salbei
5 EL	Olivenöl
3 EL	Ahornsirup (oder Honig)
3 EL	Marsala (ital. Dessertwein; oder Apfelsaft)
2 EL	Zitronensaft (nach Belieben)

• Für die Polenta die Milch zum Kochen bringen und den Grieß unter Rühren langsam einrieseln lassen. Die Polenta salzen und unter gelegentlichem Rühren bei kleiner Hitze etwa 20 Min. quellen lassen.

• Inzwischen die Leber kalt abspülen und mit Küchenkrepp gut trocken tupfen. Die Leberscheiben dritteln oder halbieren. Den Schinken in Stücke schneiden. Jedes Leberstück mit je 1 Streifen Schinken und 1 Salbeiblatt belegen und mit kleinen Holzspießen feststecken.

• 3 EL Öl in einer Pfanne erhitzen und die Leberstücke darin von jeder Seite kurz anbraten, leicht salzen. Dann die Stücke herausnehmen. Ahornsirup und Marsala dazugießen und kurz aufkochen lassen. Nach Belieben mit Zitronensaft abschmecken. Die Leber in den Sud legen und sofort servieren.

• Den fertigen Polentabrei mit grobem Pfeffer bestreuen, mit 2 EL Olivenöl beträufeln und dazu servieren.

Dazu Mangold oder Spinat

Tipp **Kalbsleber ist sehr zart und darf nur ganz kurz gebraten werden, damit sie nicht hart und trocken wird.**

Große Stücke

»Es wird mit Recht ein guter Braten / Gerechnet zu den guten Taten«, befand Wilhelm Busch. Und wenn die Küche sich mit dem herrlichen Duft aus dem Backofen füllt, weiß man: Das Beste tu ich mir selbst!

Tafelspitz *mit Meerrettichsauce*

braucht etwas Zeit

6 Portionen
Zubereitungszeit 30 Min.
Garzeit 1 Std. 50 Min.
Pro Portion ca. 470 kcal, E 35 g, F 31 g, KH 11 g

1,2 kg	gepökeltes Rindfleisch (Tafelspitz oder Brust; beim Metzger vorbestellen)
2	Lorbeerblätter
½ TL	schwarze Pfefferkörner
2 Bund	Suppengrün
2 EL	Butter
2 EL	Mehl
100 g	Sahne
1 Stück	frischer Meerrettich (etwa 100 g oder 2–3 EL aus dem Glas)
	Salz, frisch gemahlener Pfeffer
½ Bund	glatte Petersilie

- Das Fleisch abspülen und in einem großen Topf mit 1 ½ l Wasser aufkochen. Den Schaum abschöpfen und Lorbeer und Pfefferkörner dazugeben. Zugedeckt bei kleiner Hitze etwa 1 Std. 30 Min. kochen lassen.

- Suppengrün putzen, abspülen und in grobe Stücke schneiden. Zum Fleisch in den Topf geben und weitere 20 Min. kochen.

- Topf vom Herd nehmen und ½ l Brühe abnehmen, das Fleisch in der restlichen Brühe lassen.

- Für die Meerrettichsauce die Butter in einem kleinen Topf schmelzen. Das Mehl mit einem Schneebesen einrühren. Die abgemessene Brühe und die Sahne langsam dazugießen und dabei mit dem Schneebesen kräftig rühren, damit keine Klümpchen entstehen. Die Sauce bei kleiner Hitze etwa 10 Min. kochen lassen.

- Frischen Meerrettich schälen, auf einer Reibe fein reiben und zur Sauce geben. Die Sauce mit Meerrettich und, falls nötig, etwas Salz und Pfeffer abschmecken. Die Petersilie abspülen, trocken schütteln und hacken.

- Das Fleisch in Scheiben schneiden und mit dem Suppengemüse und etwas Brühe auf einer tiefen Platte anrichten. Die Petersilie darüberstreuen und die Sauce extra dazu servieren.

Rinderfilet *mit Parmesankruste*

für Gäste | etwas teurer

5	**Portionen**
	Zubereitungszeit 35 Min., Garzeit 40 Min.
Pro Portion	**ca. 410 kcal, E 50 g, F 18 g, KH 7 g**

1 kg	Rinderfilet (schlankes Endstück)
	Salz, frisch gemahlener Pfeffer
1 TL	grob gestoßene Korianderkörner
2 EL	Butterschmalz
1	Knoblauchzehe
50 g	grob geraffelter Parmesan-Käse
20 g	gehackte Mandeln
2 EL	grobkörniger Senf
750 g	grüne Bohnen
1 Bund	Bohnenkraut
2	Schalotten
100 ml	Wermut (oder Brühe)
1 Bund	Basilikum

- Das Fleisch abspülen, mit Küchenkrepp gut trocken tupfen und mit Salz, Pfeffer und gestoßenen Korianderkörnern einreiben. Das Butterschmalz in einem Bräter erhitzen und das Fleisch darin rundherum kräftig braun anbraten.
- Für die Kruste den Knoblauch abziehen, durch die Knoblauchpresse drücken und mit Parmesan, Mandeln und Senf zu einer Paste verrühren. Die Paste auf die Oberseite des Rinderfilets geben und gut andrücken.
- Den Backofen auf 200° (Umluft 180°, Gas Stufe 4) vorheizen. Reichlich Salzwasser aufkochen lassen. Die Bohnen abspülen und die Enden knapp abschneiden. Die Schalotten abziehen und in Spalten schneiden.
- Die Bohnen ins kochende Wasser geben. 3 Min. kochen und abgießen. Das Bohnenkraut abspülen, trocken schütteln und mit Küchengarn zusammenbinden. Mit Bohnen, Schalotten und Wermut zum Fleisch in den Bräter geben.
- Den Bräter zudecken und alles im Backofen etwa 15 Min. braten. Dann den Deckel abnehmen und 25 Min. weiterbraten.
- Das Bohnenkraut entfernen und den Sud mit Salz und Pfeffer abschmecken. Das Fleisch in Scheiben schneiden.
- Das Basilikum abspülen und trocken schütteln. Die Blättchen abzupfen, in Streifen schneiden und über die Bohnen streuen.

Dazu Kartoffelgratin oder Bratkartoffeln

Sauerbraten

braucht etwas Zeit | einfach

4 **Portionen**
Marinierzeit 2–3 Tage
Zubereitungszeit 45 Min., Garzeit 2 Std.
Pro Portion **ca. 435 kcal, E 56 g, F 12 g, KH 22 g**

2	Zwiebeln
1	Möhre
1 Stück	Knollensellerie
3	Wacholderbeeren
1 TL	schwarze Pfefferkörner
3	Gewürznelken
2	Lorbeerblätter
¼ l	milder Weinessig
1 kg	Rindfleisch (Oberschale)
	Salz, frisch gemahlener Pfeffer
2 EL	Butterschmalz
100 g	Sultaninen
1–2 EL	Mehl
	Zucker zum Abschmecken

• Für die Marinade die Zwiebeln abziehen und würfeln. Möhre und Sellerie putzen, abspülen und fein würfeln. Wacholderbeeren grob zerdrücken. Gemüse, Gewürze, Essig und ⅜ l Wasser aufkochen und ganz abkühlen lassen.

• Das Fleisch abspülen und in einen großen Gefrierbeutel geben. Die Marinade mit den Gewürzen dazugeben und den Beutel gut verschließen. Im Kühlschrank 2–3 Tage durchziehen lassen und dabei den Beutel ab und zu wenden.

• Das Fleisch aus der Marinade nehmen, gut mit Küchenkrepp trocken tupfen und mit Salz und Pfeffer würzen.

• Butterschmalz in einem großen Bräter erhitzen und das Fleisch darin rundherum braun anbraten. Die Marinade mit Gemüse und Gewürzen dazugießen, aufkochen und zugedeckt bei kleiner Hitze etwa 2 Std. schmoren lassen. Das Fleisch gelegentlich wenden.

• Den Braten aus dem Sud nehmen und im Backofen bei 50° warm stellen. Den Sud durch ein Sieb in einen Topf gießen und erhitzen. Sultaninen in einem Sieb abspülen und in den Sud geben. Mehl mit etwas Wasser mit einem Schneebesen glatt rühren, in die kochende Sauce rühren und bei kleiner Hitze etwa 10 Min. kochen lassen. Die Sauce mit Salz, Pfeffer und eventuell etwas Zucker abschmecken.

• Fleisch in Scheiben schneiden und mit etwas Sauce darübergeben. Den Rest in einer Sauciere dazu servieren.

Dazu Kartoffelklöße und Rosenkohl oder Rotkohl

Rinderbraten *in Vin Santo*

einfach | raffiniert

10	**Portionen**
	Marinierzeit 45 Min.
	Zubereitungszeit 50 Min.
	Garzeit 2 Std.
Pro Portion	**ca. 545 kcal, E 45 g, F 32 g, KH 9 g**

2 ¼ kg	Rindfleisch aus der Schulter
	Salz, frisch gemahlener Pfeffer
2 gestr. TL	gemahlener Sternanis
3–4	ganze Sternanis
375 ml	Vin Santo (ital. Dessertwein)
1,2 kg	Schalotten
2 EL	Butterschmalz
400 ml	Rinderfond

- Das Fleisch abspülen, mit Küchenkrepp trocken tupfen und mit Salz, Pfeffer und gemahlenem Sternanis einreiben. Das Fleisch in einen Gefrierbeutel geben, ganzen Sternanis und Vin Santo dazugeben. Den Beutel gut verschließen und über Nacht in den Kühlschrank stellen.
- Die Schalotten abziehen. Den Backofen auf 200° (Umluft 180°, Gas Stufe 4) vorheizen.
- Das Fleisch aus der Marinade nehmen und trocken tupfen (Marinade aufheben). Butterschmalz in einem Bräter erhitzen und das Fleisch darin rundherum scharf anbraten. Schalotten zum Fleisch geben, kurz anbraten und die Marinade aus dem Gefrierbeutel dazugießen.
- Den Braten in den Ofen schieben und 2 Std. schmoren. Den Braten ab und zu wenden. Nach 45 Min. den Fond dazugießen.
- Das Fleisch aus der Sauce nehmen und vor dem Anschneiden noch 10 Min. abgedeckt ruhen lassen. Fleisch in dünne Scheiben schneiden und mit den Schalotten und dem Fond servieren.

Dazu gemischter Blattsalat, gebratene Gnocchi oder Schupfnudeln

Tipp **Bratenstücke aus dem Ofen sollten vor dem Anschneiden mindestens noch 10 Min. abgedeckt ruhen. Der Saft hat dann Zeit sich im Fleisch zu verteilen und macht es so saftiger.**

Roastbeef

gelingt leicht | etwas teurer

6 Portionen
Zubereitungszeit 15 Min.
Garzeit 30–35 Min.
Ruhezeit 15 Min.
Pro Portion ca. 230 kcal, E 37 g, F 9 g, KH 0 g

1 kg Roastbeef im Stück
1 EL Öl
Salz, frisch gemahlener Pfeffer

- Den Backofen auf 240° (Umluft 220°, Gas Stufe 6) vorheizen.
- Das Roastbeef abspülen und trocken tupfen. Die Fettschicht mit einem scharfen Messer rautenförmig einschneiden. Das Fleisch mit Öl einstreichen und rundherum mit Salz und Pfeffer einreiben. Auf den Backofenrost legen und die Fettpfanne darunterstellen.
- Im Ofen etwa 15 Min. braten. Dann die Temperatur auf 180° (Umluft 160°, Gas Stufe 3) herunterschalten und das Fleisch nochmal 15–20 Min. braten. Das Fleisch ist jetzt rosa gebraten. Eventuell noch 10 Min. länger braten.
- Das Fleisch aus dem Ofen nehmen, in Alufolie wickeln und noch 15 Min. ruhen lassen. Roastbeef in dünne Scheiben schneiden und servieren.

Dazu Bratkartoffeln und Remoulade

Tipp **Remoulade selbst zubereiten: 250 g Mayonnaise mit 2 EL Joghurt verrühren. 1 gewürfelte Gewürzgurke, 2 EL abgetropfte Kapern und 1 EL Schnittlauchröllchen unterrühren. Mit Salz, 1 Prise Zucker, frisch gemahlenem Pfeffer und etwas Zitronensaft würzen.**

Kalbsnuss mit Lardo

etwas teurer | edel

6	**Portionen**
	Zubereitungszeit 30 Min.
	Garzeit 1 Std. 10 Min.
Pro Portion	**ca. 380 kcal, E 43 g, F 20 g, KH 2 g**

1 kg	Kalbsnuss
	Salz, frisch gemahlener Pfeffer
3 EL	Olivenöl
750 g	Steinpilze oder gemischte Waldpilze (frisch oder TK)
1	Zwiebel
3 Zweige	frischer Thymian
150 g	Lardo in dünnen Scheiben (siehe Tipp)
200 ml	Cidre (oder Apfelsaft)
250 ml	Kalbsfond
2 EL	Crème fraîche

- Das Fleisch eventuell mit Küchengarn zusammenbinden, sodass ein schöner runder Braten entsteht. Mit Salz und Pfeffer einreiben. Das Öl in einer Pfanne erhitzen und das Fleisch rundherum scharf anbraten, dann in einen Bräter geben.
- Den Backofen auf 200° (Umluft 180°, Gas Stufe 4) vorheizen. Frische Pilze putzen (TK-Pilze auftauen lassen) und eventuell halbieren. Zwiebel abziehen, fein würfeln und im heißen Bratfett vom Fleisch in der Pfanne andünsten. Pilze mit in die Pfanne geben und anbraten. Mit Salz und Pfeffer würzen.
- Alles mit dem Thymian zum Fleisch in den Bräter geben. Die Hälfte des Lardo auf das Fleisch legen. Den Cidre dazugießen. Das Fleisch in den Ofen schieben und 1 Std. 10 Min. braten. Nach etwa 20 Min. den Kalbsfond dazugießen.
- Das Fleisch aus dem Bräter nehmen. Vor dem Aufschneiden warm stellen und noch 10 Min. ruhen lassen. Restliche Lardoscheiben nebeneinander in eine flache ofenfeste Form legen und im heißen Ofen (oder in der Pfanne) kross ausbacken.
- Die Crème fraîche vorsichtig unter den Schmorsud mit den Pilzen rühren. Das Fleisch anrichten und mit dem krossen Lardo belegen und servieren.

Dazu Tagliatelle mit Trüffelbutter

Tipp **Lardo ist ein mindestens 4 cm dicker fetter Speck von einer besonderen italienischen Schweinerasse. Der Speck reift und trocknet etwa 3 Monate und wird dabei mehrmals mit Kräutern und Gewürzen wie Rosmarin, Salbei und Chili behandelt. Am besten schmeckt Lardo hauchdünn geschnitten und roh oder knusprig gebacken.**

Kalbsrücken mit Kartoffeltatar

etwas teurer | für Gäste

3	**Portionen**
	Zubereitungszeit 45 Min. ohne Abkühlzeiten
	Garzeit 50 Min.
Pro Portion	**ca. 370 kcal, E 33 g, F 21 g, KH 12 g**

400–500 g	ausgelöster Kalbsrücken
	Salz, frisch gemahlener Pfeffer
2 EL	Öl
100 ml	Kalbsfond
300 g	festkochende Kartoffeln
	Salz
1 ½ Handvoll	Feldsalat und Wildkräuter (Giersch, Melde, Löwenzahn, Kapuzinerkresse u.s.w.)
2–3	eingelegte Sardellen
2 Stangen	Staudensellerie
5–6 EL	sehr gutes Olivenöl
	Rauke- oder Löwenzahnblätter zum Anrichten

• Das Kalbfleisch abspülen, trocken tupfen, salzen und pfeffern. Das Öl in einem Bräter erhitzen und das Fleisch darin rundherum anbraten. Den Kalbsfond dazugießen und das Fleisch zugedeckt bei kleiner Hitze in etwa 30 Min. sanft rosa schmoren. Aus dem Fond nehmen, in Alufolie wickeln und abkühlen lassen.

• Gleichzeitig die Kartoffeln unter fließendem Wasser gründlich abbürsten. In kochendem Salzwasser etwa 20 Min. kochen. Kartoffeln abgießen, kurz abkühlen lassen und pellen. Die Kartoffeln ganz abkühlen lassen.

• Feldsalat und Wildkräuter verlesen, abspülen, trocken schütteln und grob hacken. Sardellen abtropfen lassen und in feine Streifen schneiden. Sellerie putzen und eventuell die Fäden abziehen. Sellerie und Kartoffeln fein würfeln.

• Kartoffeln, Sellerie, Sardellen, Kräuter und Feldsalat mit Olivenöl, Salz und Pfeffer mischen. Das Kartoffeltatar 15 Min. ziehen lassen. Das Kalbfleisch am besten mit der Aufschnittmaschine in dünne Scheiben schneiden. Mit dem Kartoffeltatar und Rauke oder Löwenzahnblättern anrichten.

Tipp **Wer keine Wildkräuter bekommt, nimmt normale Kräuter (Schnittlauch, Kerbel, Petersilie, Oregano, u.s.w.) oder eine tiefgefrorene 8-Kräutermischung.**

Pochiertes Schweinefilet

für Gäste | einfach

4 Portionen
Zubereitungszeit 50 Min.
Pro Portion **ca. 505 kcal, E 44 g, F 30 g, KH 15 g**

100 g	Sauerampfer
2 Stück	frischer Ingwer (à etwa 10 g)
100 g	weiche gesalzene Butter
750 g	Schweinefilet
1 ½ l	Hühnerbrühe
750 g	Mairübchen
2 EL	Öl
1 EL	Zucker
	Salz

- Für die Butter die Sauerampferblätter abspülen, trocken schütteln und 70 g grob hacken. 1 Stück Ingwer schälen und fein hacken. Sauerampfer, Ingwer und Butter im Mixer pürieren. Zu einer Rolle formen, in Folie wickeln und in den Kühlschrank legen.
- Das Fleisch abspülen und mit Küchenkrepp trocken tupfen. Das dünnere Ende umschlagen und mit Küchengarn zusammenbinden, sodass ein gleichmäßig dickes Fleischstück entsteht.
- Das andere Stück Ingwer schälen und in Scheiben schneiden. Brühe und Ingwer aufkochen und das Filet darin bei mittlerer Hitze 20 Min. kochen lassen.
- Die Rübchen putzen und dabei etwas Grün stehen lassen. Rübchen schälen und in schmale Spalten schneiden.
- Öl in einer Pfanne erhitzen. Rübchen dazugeben und mit Zucker bestreuen. Die Rübchen zugedeckt bei kleiner Hitze etwa 5 Min. dünsten. Deckel abnehmen und die Rübchen unter Wenden bei starker Hitze kurz karamellisieren lassen. Mit Salz abschmecken.
- Restliche Sauerampferblätter auf einer Platte verteilen. Fleisch und Butter in Scheiben schneiden und zusammen mit den karamellisierten Rübchen auf den Blättern anrichten.

Varianten Die Butter schmeckt auch mit glatter Petersilie.

Statt Mairübchen Kohlrabi oder Spargel verwenden.

Tipp **Die Brühe für Suppen oder Saucen verwenden oder einfrieren.**

Schweinefilet in Kaffeekruste

raffiniert | etwas teurer

2 Portionen
Zubereitungszeit 35 Min.
Garzeit 25 Min.
Ruhezeit 15 Min.
Pro Portion **ca. 515 kcal, E 48 g, F 30 g, KH 6 g**

	Salz
400 g	Petersilienwurzel
1–2 EL	Kaffeebohnen
1 TL	grobes Meersalz
1 TL	rosa Pfefferbeeren
1	frisches Lorbeerblatt
400 g	Schweinefilet am Stück
	frisch gemahlener Pfeffer
25 g	Butterschmalz
50 ml	Portwein (oder Kalbsfond)
200 ml	Kalbsfond

- Salzwasser aufkochen. Die Petersilienwurzel abspülen, schälen und 5 Min. im Wasser kochen. Herausnehmen und kalt abspülen.
- Kaffeebohnen, Meersalz und rosa Pfefferbeeren im Mörser zerstoßen. Das Lorbeerblatt fein hacken und dazugeben. Den Backofen auf 180° (Umluft 160°, Gas Stufe 3) vorheizen.
- Das Fleisch abspülen und trocken tupfen. Eventuell das dünnere Ende umschlagen und mit Küchengarn zusammenbinden, damit ein gleichmäßig dickes Fleischstück entsteht. Mit Salz und Pfeffer einreiben.
- Butterschmalz in einer Pfanne erhitzen und das Fleisch darin rundum braun anbraten. Das Fleisch aus der Pfanne nehmen (Garn entfernen) und in der Kaffeemischung wälzen. In eine kleine ofenfeste Form legen und die restliche Kaffee-Panade auf das Filet drücken. Petersilienwurzel um das Fleisch herum verteilen, Portwein und den Fond dazugießen.
- Das Filet im Ofen etwa 25 Min. braten. Den Ofen ausschalten und das Fleisch darin noch 15 Min. ruhen lassen. Das Filet zum Servieren in Scheiben schneiden.

Dazu Kartoffelpüree mit Walnussbutter

Tipp **Walnussbutter selber machen: 50 g weiche Butter mit 1 EL Walnussöl und 1 EL sehr fein gehackten Walnusskernen verrühren. Mit wenig Salz abschmecken. Eventuell zusätzlich noch ein paar Tropfen Weinbrand unterrühren.**

Sauerfleisch

preiswert | gut vorzubereiten

8 Portionen
Zubereitungszeit 45 Min.
Garzeit 1 Std. 30 Min.–2 Std.
Marinierzeit 2–3 Tage
Pro Portion ca. 480 kcal, E 44 g, F 33 g, KH 2 g

2 kg	gepökelter Schweinenacken ohne Knochen (beim Metzger vorbestellen)
4	große Zwiebeln
½ l	Weißweinessig
2 Päckchen	Sauerbratengewürz (à 12,5 g)
4	Lorbeerblätter
1 TL	Salz
2 EL	Zucker
1 ½ TL	schwarze Pfefferkörner
12 Blatt	weiße Gelatine

- 1,4 l Wasser aufkochen. Das Fleisch abspülen. Die Zwiebeln abziehen und in Ringe schneiden. Zwiebeln (einige Ringe zur Dekoration aufheben), Essig, Sauerbratengewürz, Lorbeer, Salz, Zucker und Pfeffer in das Wasser geben und mit aufkochen.
- Fleisch in den kochenden Sud geben und bei kleiner Hitze zugedeckt 1 Std. 30 Min.–2 Std. kochen lassen.
- Fleisch aus dem Sud nehmen und etwas abkühlen lassen. Den Sud durch ein Tuch oder ein sehr feines Sieb gießen und 1 l abmessen. Diesen Sud mit Salz und Zucker nachwürzen, etwas stehen lassen und das Fett abschöpfen.
- Das Fleisch in Scheiben oder Stücke schneiden. Fleischstücke in eine flache Schale legen. Gelatineblätter einzeln in kaltes Wasser legen und etwa 5 Min. einweichen. Den Sud erhitzen. Die Gelatine ausdrücken und im Sud auflösen.
- Den Sud über das Fleisch gießen (es sollte vollständig damit bedeckt sein). Lorbeerblätter und eventuell einige Zwiebelringe zur Dekoration darauflegen.
- Alles abkühlen lassen, dann für 2–3 Tage in den Kühlschrank stellen und durchziehen lassen.

Dazu Bratkartoffeln

Tipp **Das Sauerbratengewürz gibt dem Sud eine leicht bräunliche Farbe. Gewürze eventuell in einen Teefilter aus Papier geben und fest verschlossen mitkochen. Dann ist die Färbung nicht so kräftig.**

Glasierter Schinken

für Gäste | einfach

20 Portionen
Zubereitungszeit 30 Min.
Garzeit 4 Std. 30 Min.
Pro Portion ca. 375 kcal, E 44 g, F 19 g, KH 7 g

6 kg gepökelter Schweineschinken mit Schwarte, ohne Knochen (beim Metzger mindestens 2 Tage vorher bestellen)
300 ml Fleischbrühe
80 g Honig
80 g körniger Senf
50 g Orangenmarmelade
Salz

- Etwa 2 l Wasser in einem großen Topf aufkochen. Den Schinken hineingeben und 30 Min. kochen. Inzwischen den Backofen auf 180° (Gas Stufe 3; Umluft zunächst nicht geeignet) vorheizen.
- Schinken aus dem Topf nehmen und abtropfen lassen. In die Fettpfanne des Backofens legen. Die Brühe, eventuell nach und nach, dazugießen. Den Schinken im Backofen 3 Std. 30 Min. braten.
- Honig, Senf und Orangenmarmelade verrühren und mit Salz würzen.
- Den Schinken aus dem Ofen nehmen. Den Ofen für die Kruste auf 200° (Umluft 180°, Gas Stufe 4) schalten.
- Schinken dick mit der Honigmischung bestreichen. Noch 30 Min. weiterbacken, bis die Kruste braun und knusprig ist. Dabei die Fettschicht zwischendurch immer wieder mit der herabgetropften Honigmischung bestreichen.
- Den Schinken im Ganzen auf den Tisch stellen. Er schmeckt warm oder kalt.

Dazu Krautsalat oder Kartoffelsalat

Variante Noch würziger wird das Fleisch, wenn die Speckschwarte vor dem Überbacken mit Gewürznelken gespickt wird.

Tipp **Die Kruste gelingt am gleichmäßigsten und schönsten in einem Umluftherd. Wer keinen hat, sollte den Schinken nach dem Bestreichen rundherum mit Alufolie so auspolstern und legen, dass die Seite mit der Fettschicht möglichst weit oben liegt, damit die Kruste schön kross wird.**

Schweinebraten in Milch

einfach | braucht etwas Zeit

5	**Portionen**
	Zubereitungszeit 30 Min.
	Garzeit 1 Std. 30 Min.
Pro Portion	**ca. 410 kcal, E 55 g, F 19 g, KH 4 g**

1,2 kg	durchwachsenes Schweinekotelett (im Stück mit Knochen)
	grobes Salz, grob gemahlener Pfeffer
1–2	eingelegte Sardellenfilets
1	Bio-Zitrone
1 Zweig	Rosmarin
2 EL	Olivenöl
400 ml	Milch

• Das Fleisch abspülen und mit Küchenkrepp trocken tupfen. Mit Salz und Pfeffer rundherum einreiben.

• Backofen auf 200° (Umluft 180°, Gas Stufe 4) vorheizen. Die Sardellenfilets in kleine Würfel schneiden oder hacken. Zitrone heiß abspülen, trocken tupfen und die Schale mit einem Zestenreißer in feinen Streifen abziehen. Den Rosmarinzweig abspülen, trocken tupfen, 1 EL Nadeln abzupfen und nicht zu fein hacken.

• Das Öl in einem Bräter erhitzen und Sardellen, Zitronenschale und gehackten Rosmarin darin kurz anbraten. Das Fleisch in das Öl geben und rundherum braun anbraten.

• Die Milch in einem Topf aufkochen und zum Fleisch in den Bräter gießen. Den Braten zugedeckt im Ofen etwa 1 Std. 30 Min. schmoren.

• Das Fleisch herausnehmen und noch etwa 10 Min. abgedeckt ruhen lassen. Den Bratsud eventuell durch ein Sieb gießen und mit Salz und Pfeffer würzen.

• Fleisch in Scheiben schneiden und (eventuell als Stapel) mit Rosmarin und Zitronenspalten anrichten. Mit der Sauce servieren.

Dazu geschmortes Gemüse

Klassiker

Krustenbraten

Einem guten Schweinebraten gebührt immer Respekt. Wer das richtige Rezept beherrscht, kann jederzeit zum ultimativen Sonntagsessen einladen. Auf geht's!

6	**Portionen**
	Zubereitungszeit 1 Std., Garzeit 1 Std. 30 Min.
Pro Portion	**ca. 455 kcal, E 75 g, F 15 g, KH 4 g**

1 ½ kg	Schweinebraten mit Schwarte (aus der Schulter oder Keule)
	Salz, frisch gemahlener Pfeffer
1 Msp.	gemahlener Kümmel oder Gewürznelken (nach Belieben)
1 Bund	Suppengrün
1	Zwiebel
1	Lorbeerblatt
1–2 EL	Mehl (oder heller Soßenbinder)

- Den Backofen auf 220° (Umluft 200°, Gas Stufe 5) vorheizen. Das Fleisch abspülen, gut trocken tupfen und rundherum mit Salz, Pfeffer und Kümmel oder Nelken nach Geschmack einreiben. Mit der Schwartenseite nach unten in einen Bräter legen und etwa 150 ml heißes Wasser dazugießen (Step 1). Zugedeckt im Ofen etwa 30 Min. braten.

- Suppengrün putzen, abspülen und in Stücke schneiden. Zwiebel abziehen und würfeln.

- Das Fleisch aus dem Bräter nehmen und die Schwarte mit einem scharfen, spitzen Messer rautenförmig einschneiden. Suppengrün, Zwiebel und Lorbeer in den Bräter geben und den Krustenbraten darauflegen (Step 2). Im Ofen bei 200° (Umluft 180°, Gas Stufe 4) offen weitere 70–80 Min. braten.

- Wenn das Wasser im Bräter verdunstet ist und der Bratensatz zu bräunen beginnt, etwas Wasser dazugießen (Step 3). 10–15 Min. vor Ende der Bratzeit die Kruste mit Salzwasser bestreichen. Braten herausnehmen und in Alufolie gewickelt etwa 10 Min. ruhen lassen.

- Etwas Wasser zum Bratensatz gießen und die dunklen Röststoffe vom Bräterrand mit einem feuchten Pinsel lösen. Bratfond durch ein Sieb in einen Topf gießen und aufkochen. Etwas Mehl mit Wasser glatt rühren und in die kochende Sauce rühren. Bei kleiner Hitze etwa 10 Min. kochen lassen (oder mit Soßenbinder binden). Das Fleisch in Scheiben schneiden und mit der Sauce servieren.

1

2

3

Dazu

Rotkohl und Semmelknödel

Provenzalische Lammkeule

für Gäste | etwas teurer

6 Portionen
Zubereitungszeit 40 Min.
Garzeit 2 Std.
Pro Portion **ca. 500 kcal, E 72 g, F 21 g, KH 5 g**

1	Lammkeule (etwa 2,5 kg mit Knochen)
	Salz, frisch gemahlener Pfeffer
2 EL	körniger Senf
1 Bund	Suppengrün
2	Zwiebeln
2 EL	Butterschmalz
1 Zweig	Rosmarin
3 Zweige	Thymian
¼ l	Brühe (oder Lammfond)
200 g	saure Sahne
1–2 EL	Mehl

- Backofen auf 200° (Umluft 180°, Gas Stufe 4) vorheizen. Die Keule von Fett und Sehnen befreien. Fleisch abspülen, gut trocken tupfen und rundherum mit Salz, Pfeffer und Senf einreiben. Suppengrün putzen, abspülen und würfeln. Zwiebeln abziehen und ebenfalls würfeln.

- Butterschmalz in einem großen Bräter stark erhitzen und die Keule darin rundherum braun anbraten. Suppengrün, Zwiebeln und Kräuter dazugeben und die Brühe angießen. Zugedeckt im Ofen etwa 2 Std. schmoren. Von Zeit zu Zeit mit etwas Schmorfond aus dem Topf begießen.

- Die Keule herausnehmen, in Alufolie wickeln und abgedeckt noch mindestens 10 Min. ruhen lassen.

- Den Schmorfond durch ein Sieb in einen Topf gießen, die saure Sahne einrühren. Die Sauce aufkochen. Mehl mit etwas Wasser glatt rühren und nach und nach in die kochende Sauce rühren, bis sie die richtige Konsistenz hat. Bei kleiner Hitze etwa 10 Min. kochen lassen und mit Salz und Pfeffer würzen.

- Das Fleisch in Scheiben schneiden und mit der Sauce servieren.

Tipp **Die Lammkeule kann man prima mit der Niedrigtemperaturmethode zubereiten (siehe Seite 136). Bei 80° muss sie nach dem Anbraten mindestens 5 Std. im Ofen schmoren.**

Orientalischer Lammbraten

für Gäste | etwas teurer

6 Portionen
Zubereitungszeit 40 Min., Garzeit 1 Std. 30 Min.
Pro Portion ca. 705 kcal, E 39 g, F 49 g, KH 23 g

1,4 kg	Lammkeule ohne Knochen
3–4	Knoblauchzehen
1	große Zwiebel
2 TL	Ras el Hanout (arabische Gewürzmischung)
2–3 EL	Zitronensaft
4 EL	Olivenöl
3 TL	grobes Meersalz
1 Bund	glatte Petersilie
1 EL	Butterschmalz
1	Lorbeerzweig
400 ml	Lammfond (oder Fleischbrühe)
750 g	Birnenquitten
2 EL	Zucker
200 ml	Cidre (oder Apfelsaft)
	grober Pfeffer
3	Feigen

• Backofen auf 180° (Umluft 160°, Gas Stufe 2) vorheizen. Lammkeule abspülen, trocken tupfen und Sehnen und Häute abschneiden. Knoblauch und Zwiebel abziehen, fein hacken und mit Ras el Hanout, Zitronensaft nach Geschmack, 3 EL Olivenöl und Meersalz mischen. Petersilie abspülen, trocken schütteln und fein hacken. Die Hälfte davon zum Gewürzöl geben.

• Lammkeule mit der Fettseite auf die Arbeitsplatte legen und längs so einschneiden, dass ein flaches Stück entsteht. Gewürzöl auf der Schnittfläche verteilen. Fleisch längs zusammenklappen und mit Küchengarn zu einer Rolle binden.

• Butterschmalz in einem Bräter erhitzen und das Fleisch darin von allen Seiten bei mittlerer Hitze anbraten, dabei mit dem restlichen Gewürzöl bestreichen. Lorbeer und Fond in den Bräter geben und den Braten im Backofen (unten) 50–60 Min. garen.

• Die Quitten mit einer Bürste oder einem Schwamm unter fließendem Wasser abbürsten. Quitten vierteln, von den Kerngehäusen befreien und quer halbieren. Sofort in Zitronenwasser legen, damit sie nicht braun anlaufen.

• 1 EL Olivenöl erhitzen und die Quitten darin unter Rühren 3–4 Min. anbraten. Mit Zucker bestreuen und kurz karamellisieren lassen. Den Cidre zugeben und alles zum Braten in den Bräter geben. Pfeffern und 20–25 Min. weitergaren. Die Feigen abspülen und noch 5–10 Min. mitgaren. Den Braten herausnehmen und vor dem Anschneiden 5–10 Min. ruhen lassen. Den Bratenfond erhitzen und dazugeben.

Dazu Rotkohlsalat und Kichererbsenpüree

Geschmortes

Schmoren ist so etwas wie die höchste Form der Höflichkeitsbezeugung gegenüber dem Fleisch. Diese Garmethode ist sanft, das Ergebnis zart, mürbe, würzig. Und die Sauce: einfach himmlisch!

Pfefferragout mit Püree

gut vorzubereiten

6 Portionen
Zubereitungszeit 30 Min., Garzeit 1 Std. 15 Min.
Pro Portion ca. 515 kcal, E 54 g, F 16 g, KH 33 g

1	Zwiebel
1,4 kg	Rindfleisch (aus der Hüfte)
2 EL	Öl
1 EL	eingelegte rosa Pfefferbeeren
1 EL	eingelegte grüne Pfefferkörner
je 1 TL	getrocknete schwarze und weiße Pfefferkörner
	evtl. einige Stücke Mohrenpfeffer (siehe Tipp)
	Salz
2 EL	Mehl
je ¼ TL	gemahlener Piment, Zimt und Kreuzkümmel
200 ml	Rotwein
400 ml	Rinderfond
1 kg	Kartoffeln
100 g	Soft-Aprikosen
125 ml	Milch
1 EL	Butter
	frisch geriebene Muskatnuss

- Für das Ragout die Zwiebel abziehen, halbieren und fein würfeln. Das Fleisch abspülen, trocken tupfen und in mundgerechte Würfel schneiden.
- 1 EL Öl in einem großen Topf erhitzen und die Zwiebel darin glasig dünsten, dann herausnehmen. Das restliche Öl erhitzen und das Fleisch darin portionsweise anbraten.
- Alle Pfefferkörner und die Zwiebel zum Fleisch geben, salzen und mit Mehl, Piment, Zimt und Kreuzkümmel bestäuben. Den Rotwein dazugießen und auf die Hälfte einkochen lassen. Den Fond dazugießen und alles zugedeckt bei kleiner Hitze etwa 1 Std. 15 Min. schmoren.
- Nach 45 Min. Garzeit die Kartoffeln schälen, abspülen und in kochendem Salzwasser 20 Min. kochen. Nach 10 Min. die Aprikosen dazugeben.
- Kartoffeln abgießen und offen kurz abdampfen lassen. Milch und Butter dazugeben und alles zu Püree zerstampfen. Mit Salz und Muskat würzen. Das Ragout abschmecken und mit dem Kartoffelpüree servieren.

Tipps Das Ragout kann man wunderbar am Vortag kochen und muss es dann nur noch aufwärmen. Dann schmeckt es sogar noch ein bisschen besser.

Wem das Ragout zu kräftig ist, der kann 1 Schuss Sahne unterrühren.

Mohrenpfeffer ist eine afrikanische Pfefferart und schmeckt leicht bitter. Es gibt ihn im Feinkostladen. Er kann durch schwarzen Pfeffer ersetzt werden.

Klassiker

Gulasch

Ein Gulasch ist ein echtes Sonntagsessen, weil Reste, mit Gemüse und Nudeln oder Kartoffeln verlängert, wunderbar am Wochenanfang schmecken. Aber wer rechnet hier eigentlich mit Resten?

4 Portionen
Zubereitungszeit 40 Min.
Garzeit 1 Std. 30 Min.
Pro Portion **ca. 535 kcal, E 47 g, F 30 g, KH 19 g**

75 g	fetter Speck
750 g	Gemüsezwiebeln
750 g	gemischtes Gulasch (Schwein und Rind)
	eventuell etwas Butterschmalz zum Anbraten
	Salz, frisch gemahlener Pfeffer
	edelsüßes Paprikapulver
½ l	Brühe
2	Lorbeerblätter
je 1	rote und grüne Paprikaschote
200 g	saure Sahne
2–3 EL	Mehl

- Den Speck in kleine Würfel schneiden. Die Zwiebeln abziehen und würfeln. Fleischwürfel eventuell mit Küchenkrepp etwas trocken tupfen.
- Speckwürfel in einem großen Topf bei mittlerer Hitze langsam ausbraten und herausnehmen. Speckfett stark erhitzen und das Fleisch darin portionsweise rundherum kräftig braun anbraten (Step 1). Falls nötig, noch etwas Butterschmalz zum Anbraten dazugeben. Das Fleisch herausnehmen.
- Die Zwiebelwürfel ebenfalls schön braun anbraten. Das Fleisch wieder in den Topf geben (Step 2) und mit Salz, Pfeffer und Paprika kräftig würzen. Brühe und Lorbeer dazugeben und das Gulasch zugedeckt bei kleiner Hitze etwa 1 Std. 15 Min. schmoren.
- Paprika putzen, abspülen und in Würfel schneiden (Step 3). Zum Gulasch geben und alles weitere 15 Min. schmoren.
- Die saure Sahne in die Sauce rühren. Mehl mit etwas Wasser glatt rühren und in das kochende Gulasch rühren. Mit Salz, Pfeffer und Paprikapulver abschmecken und servieren.

Dazu Nudeln oder Kartoffelklöße

Tipp

Schön ungarisch wird das Gulasch, wenn noch 500 g Sauerkraut mitgeschmort werden. Dann reicht die halbe Menge Zwiebeln.

Rinderrouladen

für Gäste | braucht etwas Zeit

4 Portionen
Zubereitungszeit 30 Min., Garzeit 1 Std. 30 Min.
Pro Portion ca. 475 kcal, E 44 g, F 29 g, KH 6 g

1 Bund	Lauchzwiebeln
4	Gewürzgurken
½ Bund	Thymian
4	Rinderrouladen
	Salz, frisch gemahlener Pfeffer
4 TL	mittelscharfer Senf
8 Scheiben	Frühstücksspeck (125 g; Bacon)
1 Bund	Suppengrün
50 g	geräucherter durchwachsener Speck
1 EL	Butterschmalz
400 ml	trockener Rotwein (oder Rinderfond)
400 ml	Rinderfond
1 Zweig	Rosmarin
2	Lorbeerblätter
2–3 EL	Mehl
100 g	Crème fraîche nach Belieben

• Lauchzwiebeln putzen, abspülen und in 4–5 cm lange Stücke schneiden. Gurken abtropfen lassen und in lange Streifen schneiden. Die Blätter von 3 Thymianzweigen abzupfen.

• Die Rouladen mit Küchenkrepp trocken tupfen und auf einem Brett ausbreiten. Die Oberseite mit Salz und Pfeffer würzen und dünn mit Senf bestreichen. Je 2 Scheiben Frühstücksspeck auf jede Roulade legen und mit den Thymianblättchen bestreuen. Lauchzwiebeln und Gurken auf den Rouladen verteilen.

• Das Fleisch fest aufrollen und mit Rouladennadeln zusammenstecken oder mit Küchengarn binden. Den Backofen auf 200° (Umluft 180°, Gas Stufe 4) vorheizen.

• Das Suppengrün putzen, abspülen und in kleine Stücke schneiden. Den Speck fein würfeln. Butterschmalz in einem Bräter stark erhitzen und die Rouladen darin rundherum kräftig braun anbraten. Rouladen herausnehmen und Suppengrün und Speckwürfel kräftig anbraten. Die Rouladen in den Bräter geben, Wein und Fond dazugießen. Rosmarin, restlichen Thymian und Lorbeer dazugeben und alles zugedeckt im Ofen etwa 1 Std. 30 Min. schmoren.

• Die Rouladen herausnehmen und warm stellen. Bratfond durch ein Sieb gießen und aufkochen lassen. Mehl mit 150 ml Wasser glatt rühren und in die Sauce rühren. Die Sauce bei kleiner Hitze etwa 10 Min. kochen. Mit Salz und Pfeffer abschmecken und eventuell mit Crème fraîche verfeinern. Die Rouladen in der Sauce erhitzen.

Tipp Im Schnellkochtopf sind die Rouladen in gut 30 Min. fertig geschmort.

Ochsenbein mit Champignons

für Gäste | braucht etwas Zeit

6 Portionen
Zubereitungszeit 35 Min.
Garzeit 3 Std.
Pro Portion ca. 485 kcal, E 58 g, F 18 g, KH 11 g

1 ½ kg	Ochsenbeinscheiben
300 g	Schalotten
3	Knoblauchzehen
2 Stangen	Staudensellerie
400 g	Champignons
1 Bund	Thymian
2 EL	Butterschmalz
2 EL	Mehl
½ l	Rotwein (oder Gemüsebrühe)
	Salz, frisch gemahlener Pfeffer
1 Stück	Schale von 1 Bio-Orange
1 EL	Ahornsirup (oder Akazienhonig)
1 EL	Balsamessig

• Den Backofen auf 180° (Umluft 160°, Gas Stufe 3) vorheizen. Die Ochsenbeinscheiben abspülen und trocken tupfen. Die Schalotten abziehen. Knoblauch abziehen und hacken. Sellerie putzen, abspülen und in Scheiben schneiden. Champignons putzen. ½ Bund Thymian mit Küchengarn zusammenbinden.

• In einem weiten Bräter das Butterschmalz erhitzen und die Beinscheiben darin von beiden Seiten anbraten. Das Mehl darüberstäuben und leicht bräunen. Den Rotwein zugießen und einmal aufkochen lassen. Mit Salz und reichlich frisch gemahlenem Pfeffer würzen.

• Schalotten, Knoblauch, Orangenschale und das Thymiansträußchen zum Fleisch geben und den Bräter zudecken. Im Ofen etwa 2 Std. schmoren.

• Die Champignons und ¼ l Wasser zugeben, alles umrühren und zugedeckt 1 Std. weitergaren.

• Den Braten herausnehmen. Den Bratfond mit Salz, Pfeffer, Ahornsirup und Balsamessig abschmecken. Thymiansträußchen entfernen. Vom restlichen Thymian die Blättchen abzupfen, hacken und darüberstreuen.

Dazu Bauernbrot oder Polenta und grüner Salat

Tipp **Die Sauce wird noch aromatischer, wenn ein paar getrocknete Steinpilze mitgeschmort werden.**

Ragout mit Rosmarinrisotto

für Gäste | einfach

4 Portionen
Zubereitungszeit 45 Min., Garzeit 30 Min.
Pro Portion ca. 670 kcal, E 36 g, F 28 g, KH 55 g

500 g	Schweinenacken ohne Knochen
1 Bund	Suppengrün
1	Knoblauchzehe
1–2 EL	Olivenöl
	Meersalz, frisch gemahlener Pfeffer
1	Zimtstange
200 ml	trockener Rotwein
600–750 ml	Gemüsebrühe
3 Zweige	Rosmarin (klein)
1	Zwiebel
4 EL	Butter
250 g	Risotto-Reis
150 ml	trockener Weißwein
40 g	geriebener Parmesan
½ TL	abgeriebene Schale von einer Bio-Zitrone
	Rosmarin zum Garnieren

• Für das Ragout das Fleisch abspülen, trocken tupfen und sehr klein würfeln. Suppengrün putzen, abspülen und fein würfeln. Knoblauch abziehen und fein hacken oder durch die Knoblauchpresse drücken.

• Öl in einer Pfanne erhitzen, das Fleisch darin portionsweise scharf anbraten. Mit Salz und Pfeffer würzen, herausnehmen und beiseitestellen. Suppengrün und Knoblauch im Bratfett andünsten. Fleisch, Zimt und Rotwein dazugeben und bei starker Hitze etwa 3 Min. einkochen lassen.

• 400 ml Wasser dazugießen und das Ragout offen bei mittlerer Hitze etwa 30 Min. kochen lassen.

• Gleichzeitig für das Risotto die Brühe erhitzen. Rosmarin abspülen, die Nadeln abzupfen und fein hacken. Zwiebel abziehen und fein würfeln. 2 EL Butter in einem Topf erhitzen, Zwiebel und Rosmarin darin bei kleiner Hitze andünsten. Reis zufügen und glasig andünsten. Weißwein dazugießen und etwa 1 Min. einkochen lassen.

• Etwas heiße Brühe zugießen und rühren. Wenn der Reis die Flüssigkeit aufgenommen hat, immer wieder etwas heiße Brühe nachgießen, bis der Reis nach etwa 20 Min. cremig, aber noch bissfest ist. Das Risotto mit Salz und Pfeffer abschmecken. Die restliche Butter und den Käse unterrühren.

• Risotto auf Tellern anrichten und in die Mitte eine Mulde drücken. Ragout mit Salz, Pfeffer und Zitronenschale abschmecken. In die Mulde geben, mit Rosmarin garnieren und servieren.

Lammragout mit Couscous

braucht etwas Zeit | für Gäste

6 Portionen
Zubereitungszeit 45 Min.
Garzeit 1 Std.
Pro Portion ca. 980 kcal, E 38 g, F 55 g, KH 83 g

1 kg	Lammfleisch aus der Schulter (ohne Knochen)
5	Gewürznelken
5	Kardamomkapseln
10	Pimentkörner
¼ TL	frisch geriebene Muskatnuss
1 Msp.	gemahlener Zimt
3 EL	Olivenöl
1	Zwiebel
2	Knoblauchzehen
	Salz, frisch gemahlener Pfeffer
75 g	Walnusskerne
150 g	getrocknete Datteln
3 EL	Honig
1	Granatapfel
500 g	Instant-Couscous
40 g	weiche Butter
½ Bund	glatte Petersilie

- Für das Lammragout den Backofen auf 180° (Umluft 160°, Gas Stufe 3) vorheizen. Das Fleisch würfeln. Die ganzen Gewürze in einem Mörser fein zerstoßen. In einem kleinen Bräter das Öl erhitzen und alle Gewürze darin 2 Min. dünsten. Das Fleisch zugeben und kräftig braun anbraten. Zwiebel und Knoblauch abziehen und würfeln. Beides zum Fleisch geben und kurz mitbraten. Mit Salz und Pfeffer würzen und ¾ l Wasser zugeben. Den Bräter zudecken und alles im Ofen mindestens 1 Std. 15 Min. schmoren.
- Die Walnüsse grob hacken und in einer Pfanne ohne Fett leicht rösten. Datteln entsteinen. Walnüsse, Honig und Datteln unter das Fleisch rühren. Den Granatapfel aufbrechen und die Kerne mit einem kleinen Löffel herauslösen.
- Kurz vor Garzeitende Couscous nach Packungsangabe mit heißem Wasser (oder Instant-Gemüsebrühe) übergießen und quellen lassen. Mit zwei Gabeln auflockern und dabei die Butter unterrühren.
- Couscous zu einem Berg aufhäufen. Das Lammragout drumherum anrichten. Mit Petersilienblättchen und Granatapfelkernen bestreuen.

Variante Statt Granatäpfeln ein paar kleine kernlose Weintrauben oder Orangenfilets auf das Couscous geben.

Lamm-Kartoffel-Pfanne

für Gäste | einfach

4 Portionen
Zubereitungszeit 30 Min.
Garzeit 20 Min.
Pro Portion **ca. 520 kcal, E 25 g, F 36 g, KH 24 g**

600 g	fest kochende Kartoffeln
2 Stangen	Porree
300 g	Lammrückenfilets (Lammlachse)
2	Knoblauchzehen
5 EL	Olivenöl
½ TL	gemahlener Zimt
1 TL	Korianderkörner
2 Briefchen	Safranfäden
	Salz
2	Eier
2	Eigelb
200 g	Schmand
1 TL	grob gestoßener Pfeffer

• Kartoffeln gründlich unter fließendem Wasser abbürsten oder dünn schälen. Kartoffeln in mundgerechte Stücke teilen. Porree putzen, abspülen und in 2–3 cm große Stücke schneiden. Lammfilets in etwa 2 cm dicke Scheiben schneiden. Knoblauch abziehen und hacken.

• 2 EL Öl in einer großen Pfanne erhitzen. Fleisch, Kartoffeln, Porree und Knoblauch darin anbraten. Mit Zimt, Koriander, Safran und Salz kräftig würzen. Etwa 150 ml Wasser zufügen und alles zugedeckt bei kleiner Hitze etwa 20 Min. schmoren lassen.

• Eier, Eigelbe, Schmand und restliches Olivenöl verschlagen. Die Eimasse in die Pfanne gießen und kurz rütteln. Mit grobem Pfeffer kräftig würzen. Zugedeckt bei mittlerer Hitze braten, bis die Eimasse fest ist, dabei nicht mehr rühren.

Dazu Gurkensalat

Variante Die Kartoffelpfanne klappt auch mit Schweinefilet oder Rumpsteak.

Thailändisches Lammcurry

braucht etwas Zeit | raffiniert

4 Portionen
Zubereitungszeit 1 Std., Garzeit 2 Std.
Pro Portion **ca. 705 kcal, E 51 g, F 41 g, KH 31 g**

- 1 EL gemahlener Kreuzkümmel
- 1 kleine rote Chilischote
- 5 Kaffirlimettenblätter
- ½ Bund Koriandergrün
- 1 Stück frischer Ingwer (ca. 20 g)
- 1 Stängel Zitronengras
- 2–3 Knoblauchzehen
- 3 kleine Schalotten
- 3–4 EL Öl
- 1 EL edelsüßes Paprikapulver
- 800 g Lammschulter ohne Knochen
- 400 ml Kokosmilch (Dose)
- 2–4 EL Fischsauce (Asialaden)
- 1–2 EL Palmzucker
- 600 g Kartoffeln
- 350 g Spinat
- 2–3 EL Zitronensaft
- 25 g geröstete Erdnusskerne zum Bestreuen

• Für die Currypaste Kreuzkümmel in einer Pfanne ohne Fett rösten, bis er anfängt zu duften; herausnehmen. Chili, Limettenblätter, Korianderblätter und -stiele abspülen und putzen. Ingwer schälen. Alles fein hacken. Zitronengras putzen und in feine Ringe schneiden. Knoblauch und Schalotten abziehen und getrennt fein hacken.

• Diese Zutaten, bis auf den Knoblauch, in einem Mörser oder im Mixer grob zerkleinern. 1 EL Öl, 2 EL Wasser, Knoblauch und Paprikapulver zufügen und alles zu einer feinen Paste verarbeiten, eventuell noch etwas Öl zugeben.

• Für den Eintopf das Lammfleisch abspülen, trocken tupfen und würfeln. 2 EL Öl in einem Topf oder Bräter erhitzen, die Currypaste darin bei mittlerer Hitze etwa 2 Min. andünsten, bis sie anfängt zu duften. Fleisch unterrühren. Kokosmilch, 800 ml Wasser, Fischsauce und Zucker zufügen. Alles zugedeckt bei schwacher Hitze etwa 1 Std. köcheln lassen. Von Zeit zu Zeit umrühren und, falls notwendig, etwas Wasser dazugießen.

• Kartoffeln schälen und vierteln. Zum Eintopf geben, 1 Std. weiterköcheln.

• Spinat putzen, abspülen und klein zupfen. 5 Min. vor Ende der Garzeit unterrühren. Eintopf mit Fischsauce, Salz und Zitronensaft abschmecken. Erdnüsse vorm Servieren darüberstreuen.

Dazu Frische Kokosraspeln mit gerösteten Erdnüssen und feinen Streifen aus Peperoncino, Kaffirlimettenblättern und Zitronengras mischen und über das Curry streuen.

Zürcher Geschnetzeltes mit Rösti

raffiniert | für Gäste

4 Portionen
Zubereitungszeit 1 Std.
Pro Portion ca. 630 kcal, E 45 g, F 32 g, KH 35 g

1 kg	gegarte Kartoffeln vom Vortag
1 TL	Salz, frisch gemahlener Pfeffer
2 EL	Butterschmalz
2 EL	Milch
750 g	Kalbsfilet (oder Schweinefilet)
200 g	weiße Champignons
1	Zwiebel
50 g	Butter (oder Margarine)
2 EL	Mehl
1/4 l	Kalbsfond (oder Fleischbrühe)
125 g	Sahne
1/8 l	trockener Weißwein (oder Brühe mit 1 Spritzer Zitronensaft)
	etwas Zitronensaft
1 TL	rosa Pfefferbeeren

- Für die Rösti die kalten Kartoffeln schälen und auf einer Gemüsereibe grob raffeln. Die Kartoffelraspel mit Salz und Pfeffer würzen.
- Etwas Butterschmalz in einer Pfanne erhitzen, die Kartoffelraspel esslöffelweise hineingeben und zu knapp handtellergroßen Fladen formen. Jeden mit einem Bratenwender zu einem festen Kuchen zusammendrücken. Mit etwas Milch beträufeln und einen Deckel direkt auf die Rösti legen. Die Rösti bei kleiner Hitze etwa 15 Min. braten. Dann die Rösti wenden und in 5 Min. fertig braten. Herausnehmen und im Backofen bei 100° warm stellen. Restlichen Teig genauso braten.
- Während die letzte Portion brät, für das Geschnetzelte das Fleisch trocken tupfen und in feine Scheiben schneiden. Die Champignons putzen und in Scheiben schneiden. Zwiebel abziehen und fein würfeln.
- Das Fett in einer Pfanne erhitzen und das Fleisch darin portionsweise anbraten, dann herausnehmen. Pilze leicht anbraten, Zwiebelwürfel kurz mitbraten. Das Fleisch dazugeben, das Mehl darüberstäuben und unterrühren. Zuerst den Kalbsfond, dann die Sahne und schließlich den Wein unterrühren. Alles aufkochen und unter Rühren bei mittlerer Hitze etwa 5 Min. schmoren.
- Die Sauce mit Salz, Pfeffer und Zitronensaft abschmecken. Die Pfefferbeeren zerdrücken, darüberstreuen und das Geschnetzelte mit den Rösti servieren.

Ossobuco mit Gremolata

für Gäste | raffiniert

4 **Portionen**
Zubereitungszeit 30 Min.
Garzeit 2 Std.
Pro Portion **ca. 605 kcal, E 78 g, F 16 g, KH 13 g**

1	Kalbshaxe (etwa 1,5 kg; vom Metzger in Scheiben schneiden lassen)
	Salz, frisch gemahlener Pfeffer
2 EL	Mehl
2 EL	Öl
1 EL	Butter
½ l	Weißwein (oder Brühe und 1 TL Zitronensaft)
2	Zwiebeln
250 g	Möhren
½	Staudensellerie
300 g	Tomaten
½	Bio-Zitrone
3	Knoblauchzehen
1 Bund	glatte Petersilie
2	Sardellenfilets

• Die Fleischscheiben abspülen und trocken tupfen. Die Hautränder einschneiden, damit die Scheiben sich beim Braten nicht wölben. Die Scheiben salzen, pfeffern und in Mehl wenden.

• In einem Schmortopf Öl und Butter erhitzen. Das Fleisch darin von beiden Seiten braun anbraten. Wein zugeben und zugedeckt etwa 1 Std. schmoren.

• Zwiebeln abziehen und vierteln. Möhren und Staudensellerie putzen und ebenfalls würfeln. Tomaten überbrühen, häuten und halbieren, dabei die Stielansätze herausschneiden. Alles zum Fleisch geben und 1 Std. weiterschmoren.

• Für die Gremolata die Zitrone heiß abspülen und trocken reiben. Die Zitronenschale mit einem Zestenreißer abziehen oder schälen und in feine Würfel schneiden. Knoblauch schälen und zerdrücken. Petersilie abspülen, trocken schleudern und die Blättchen hacken. Sardellen fein hacken. Alles mischen.

• Den Schmorsud mit Salz und Pfeffer abschmecken. Die Gremolata kurz vorm Servieren auf das Ossobuco streuen.

Dazu Safranrisotto (Risotto milanese)

Tipp **Eine Gremolata gehört unbedingt zum klassischen Ossobuco. Sie schmeckt aber auch sehr gut auf Rumpsteak oder gedünstetem Fischfilet.**

Involtini mit Lauchzwiebeln

raffiniert | schnell

4	**Portionen**
	Zubereitungszeit 25 Min.
Pro Portion	**ca. 225 kcal, E 35 g, F 8 g, KH 4 g**

8	Minuten-Steaks (à 60 g, vom Schwein)
	Salz
	edelsüßes Paprikapulver
100 g	Kräuterfrischkäse
1 EL	Öl
1 Glas	Geflügelfond (400 ml)
1 Bund	Lauchzwiebeln
2 EL	Soßenbinder

• Minutensteaks mit dem Handballen etwas flacher drücken. Mit Salz und Paprika bestreuen und mit Frischkäse bestreichen. Das Fleisch aufrollen und mit kleinen Holzspießen feststecken.

• Das Öl in einer Pfanne erhitzen und die Röllchen darin rundherum anbraten. Den Fond und restlichen Frischkäse zufügen und alles zugedeckt 10 Min. schmoren lassen.

• Die Lauchzwiebeln putzen: Das dunkle Grün und den Wurzelansatz abschneiden. Lauchzwiebeln längs halbieren und kalt abspülen. In halbe Ringe schneiden.

• Die Involtini aus der Sauce nehmen und die Sauce mit Soßenbinder andicken, eventuell nochmal abschmecken. Die Involtini mit der Sauce servieren und mit Lauchzwiebeln bestreuen.

Dazu gegarter Reis oder frische Bandnudeln (aus dem Kühlregal)

Tipp **Geflügelfond ist im Vergleich zu gekörnter Brühe teuer. Gute Geflügelbrühen gibt es auch in Pastenform. Die müssen (wie gekörnte Brühe) verdünnt werden.**

Schweinefleisch mit Kürbis

raffiniert | für Gäste

4	**Portionen**
	Zubereitungszeit 45 Min.
Pro Portion	**ca. 270 kcal, E 25 g, F 15 g, KH 6 g**
600 g	Schweinefilet
½ Bund	Oregano
500 g	Kürbis
1	Zwiebel
40 g	Butter
	Salz, frisch gemahlener Pfeffer
2 EL	Mehl
250 ml	Fleischfond oder -brühe
125 g	Sahne
125 ml	trockener Weißwein (oder Brühe mit 1 Spritzer Zitronensaft)
	etwas Zitronensaft
	frisch gemahlener bunter Pfeffer

- Das Fleisch trocken tupfen und mit einem scharfen Messer in dünne Scheibchen schneiden. Oregano abspülen und trocken schütteln. Den Kürbis schälen, Kerne und Fasern entfernen. Kürbis in ½ cm große Würfel schneiden. Zwiebel abziehen und fein würfeln.
- Die Butter in einer großen Pfanne mit hohem Rand erhitzen und das Fleisch darin portionsweise anbraten. Salzen, pfeffern und aus der Pfanne nehmen.
- Den Kürbis im Bratfett leicht anbraten. Zwiebelwürfel zugeben und glasig dünsten. Angebratenes Fleisch wieder in die Pfanne geben und mit Mehl bestäuben. Zuerst den Fleischfond, dann die Sahne und zum Schluss den Wein unterrühren. Alles aufkochen und unter Rühren bei mittlerer Hitze etwa 5 Min. schmoren lassen.
- Mit Salz, Pfeffer und Zitronensaft abschmecken. Mit Oreganoblättchen bestreuen. Zum Schluss mit buntem Pfeffer bestreuen.

Dazu Reis oder Eblyweizen

Variante Eventuell nur die halbe Kürbismenge zum Fleisch geben. Den Rest extra in Butter andünsten, würzen und dazu servieren.

Tipp **Hokkaidokürbis muss nicht geschält werden.**

Süßsaures Schweinefleisch

schnell | einfach

4	**Portionen**
	Zubereitungszeit 30 Min.
Pro Portion	**ca. 285 kcal, E 30 g, F 8 g, KH 21 g**

500 g	Schweinefilet
1 Dose	Ananasstücke (Abtropfgewicht 340 g)
3	Lauchzwiebeln
2 EL	Olivenöl
	Salz, frisch gemahlener Pfeffer
150 g	Pizzatomaten
100 ml	Hühnerbrühe
5–6 EL	süßsaure Chilisauce
125 g	Mungobohnenkeimlinge (Sojasprossen)

- Schweinefilet abspülen, trocken tupfen und in Würfel schneiden. Ananasstücke in einem Sieb abtropfen lassen. Lauchzwiebeln putzen, abspülen und schräg in etwa 1 cm breite Ringe schneiden.
- Öl in einer Pfanne erhitzen und das Schweinefleisch darin von allen Seiten scharf anbraten. Mit Salz und Pfeffer würzen.
- Tomatenstückchen, Hühnerbrühe und Chilisauce unterrühren. Ananasstücke dazugeben und alles etwa 10 Min. schmoren.
- Sojasprossen abspülen und trocken tupfen. Lauchzwiebeln und die Sprossen unter die Sauce heben und etwa 1 Min. weiterschmoren. Mit Salz, Pfeffer und Chilisauce abschmecken.

Dazu Basmatireis und Gurkensalat

Varianten Für süßsaures Schweinefleisch muss es nicht unbedingt Schweinefilet sein. Genau so gut eignet sich auch Fleisch vom Nacken oder Schnitzelfleisch.

Auch Hühner- oder Putenbrustfleisch eignet sich gut für dieses Rezept.

Kasseler mit Kürbisgemüse

für Gäste | gut vorzubereiten

4	**Portionen**
	Zubereitungszeit 20 Min.
	Garzeit 1 Std.
Pro Portion	**ca. 460 kcal, E 27 g, F 29 g, KH 23 g**

500 g	Kasseler-Kotelett ohne Knochen
700 g	Hokkaido-Kürbis
1	Gemüsezwiebel (250 g)
3	Möhren (300 g)
200 g	Sahne
1 TL	Honig
	Salz, frisch gemahlener Pfeffer
1	Knoblauchzehe
50 g	Cornflakes
3 EL	Salatmayonnaise
½ Bund	Majoran

• Den Backofen auf 180° (Umluft 160°, Gas Stufe 3) vorheizen. Das Kasseler in Scheiben schneiden. Den Kürbis achteln, Kerne und weiches Fruchtfleisch entfernen (es sollen 500 g Fruchtfleisch übrig bleiben) und die Kürbisachtel in Stücke schneiden. Zwiebel und Möhren schälen. Zwiebel würfeln, Möhren in dünne Scheiben schneiden.

• Das vorbereitete Gemüse in eine ofenfeste Form geben. Sahne mit Honig, Salz und Pfeffer aufkochen und darübergeben.

• Den Knoblauch abziehen und zerdrücken. Mit Cornflakes und Mayonnaise vermengen. Das Kasseler auf das Gemüse legen und die Cornflakes-Mischung darauf verteilen. Majoran abspülen, trocken schütteln. Blättchen darüberstreuen.

• Das Kasseler im Backofen etwa 1 Std. garen.

Dazu kräftiges Bauernbrot

Tipp **Für mehr Gäste das Rezept einfach verdoppeln. Dann reichen 300 g Sahne, und die Garzeit erhöht sich um etwa 10 Min.**

Schäufele auf Sauerkraut

braucht etwas Zeit | raffiniert

4 **Portionen**
Zubereitungszeit 10 Min.
Garzeit 2 Std. 30 Min.
Backzeit 45 Min.
Pro Portion **ca. 760 kcal, E 57 g, F 21 g, KH 74 g**

1	Zwiebel
1 kg	gepökelte und geräucherte Schweineschulter (Schäufele, beim Metzger vorbestellen)
200 ml	trockener Weißwein nach Belieben
5	Wacholderbeeren
1	Lorbeerblatt
1 Zweig	Thymian
2	Gewürznelken
1 Packung	Brotbackmischung für Bauernbrot (500 g; für 750 g Brot)
500 g	Sauerkraut
	Mehl zum Ausrollen

• Die Zwiebel abziehen. Fleisch, Wein, Zwiebel und Gewürze in einen großen Topf geben und knapp mit Wasser bedecken. Bis kurz vor dem Siedepunkt erhitzen und bei mittlerer Hitze 2 Std. 30 Min. gerade eben köcheln lassen.

• In der Zwischenzeit den Brotteig nach Packungsangabe mit Wasser anrühren und gehen lassen. Den Backofen auf 220° (Umluft 200°, Gas Stufe 5) vorheizen.

• Das Sauerkraut in einen Bräter oder den vorher gewässerten Römertopf geben, darauf das Schäufele legen.

• Den Brotteig auf einer bemehlten Arbeitsfläche etwas größer als den Topf ausrollen. Auf den Topf legen und am Rand leicht andrücken. Brotdeckel mit wenig Wasser beträufeln. Im Backofen 40–45 Min. backen. Den Teig eventuell während der letzten 20 Min. mit Backpapier abdecken.

Variante Der Brotdeckel hält das Gericht schön saftig und ist gleichzeitig eine perfekte Beilage zum Schäufele. Wer das nicht so gern mag, schmort das Schäufele nur mit dem Deckel zugedeckt gar und serviert Salzkartoffeln dazu.

Das große Plus: Fleisch

Was ist was?

Die Auswahl an Fleischstücken ist groß. Am schnellsten gewinnt man einen ersten Überblick über den Preis: Die teuersten Stücke, ab 12 Euro/kg aufwärts, eignen sich gut zum Kurzbraten. Die aus dem mittleren Preissegment, von 6–12 Euro, sind prima für Braten und zum Schmoren; die günstigsten Stücke sind Suppenfleisch oder landen im Hackfleisch.

Gehacktes

Der Name »Hackfleisch« oder »Gehacktes« stammt noch aus der Zeit, als das Fleisch von Hand gehackt worden ist. Heute übernehmen Fleischwölfe oder Cutter diese Arbeit.

Gemischtes Hackfleisch ist ein Gemisch aus gehacktem Rind- und Schweinefleisch. Der Fettgehalt liegt bei etwa 30 %, da das hierfür verwendete Fleisch ist meist mit Fett durchwachsen, es kommt z. B. aus dem Bauchbereich der Tiere.

Mett ist reines Schweinehackfleisch, oft auch etwas gröber. Klassisch wird es als Thüringer Mett angeboten: gewürzt und mit frischen Zwiebelwürfeln darauf. Oft ist es mit 35 % Fett noch fetter als gemischtes Hackfleisch. Mett ist recht hell, da das Schweinefleisch heller ist als Rindfleisch und der Fettanteil die Farbe noch aufhellt.

Beefhack besteht nur aus Rindfleisch. In der Regel hat es nur 20 % Fett. Das Rindfleisch ist dunkler und sein Fettanteil kleiner. Das edelste Beefhack ist **Tartar**, es wird aus dem fast fettfreien Bugstück gemacht, manchmal sogar aus Filet. Tartar wird gerne roh gegessen.

Fleisch zum Kurzbraten

Dafür sind die Stücke mit kurzen Muskelfasern am besten, sie werden schön zart und sind nicht fett.

Das edelste Stück ist das Filet, es liegt oben am Rücken unterhalb der Wirbelsäule. Jedes Tier hat nur zwei relativ kleine Filets, daher der hohe Preis. Alle Filetstücke schmecken kurz gebraten oder pochiert, Rinderfilet auch roh als Carpaccio oder Tartar. Etwas preiswerter sind die Stücke vom **Rücken**. Beim Rind ist es das **Roastbeef**, geteilt in Rumpsteak, Entrecôte und Hochrippe. Hochrippe und Entrecôte sitzen weiter vorne, das **Rumpsteak** weiter hinten oberhalb der Wirbelsäule, daher hat das Fleisch eine dicke Fettschicht. **Entrecôte** heißt auch Zwischenrippenstück. Dann gibt es vom Rind noch das **Ribeye** mit dem typischen Fettpunkt (das »eye«) in der Mitte, es wird aus der Hochrippe geschnitten.

Beim Schwein sitzt ganz oben eine dicke Speckschicht, darunter kommt das **Kotelett**. Vorne als Stielkotelett, dahinter, mit einem Stück Filet daran, ist es das Lendenkotelett. Koteletts haben meist noch einen Knochenanteil, ohne Knochen werden daraus **Steaks**.

Hackfleisch muss immer frisch durchgelassen und am selben Tag zubereitet werden.

1 Das Filet ist das teuerste Stück vom Rind. Es ist besonders feinfaserig, zart und mager.

2 Koteletts werden mit den Knochen geschnitten. Knochen und Fett geben ein kräftiges Aroma.

3 Die Hüfte ist das feinste Stück aus der Keule und gut geeignet zum Kurzbraten.

Bei Kalb und Lamm heißt das Rückenstück ebenfalls Kotelett oder Rücken. Am besten schmeckt das Rückenstück, wenn das Fleisch leicht marmoriert, mit feinen Fettadern durchzogen ist oder außen eine dicke Fettschicht hat wie Lammkotelett oder Rumpsteak. Das Fett hält das Fleisch saftig, daher auf jeden Fall mitbraten und erst vor dem Essen entfernen.

Etwas fester in der Struktur sind die Stücke aus den Keulen. Da diese recht groß sind, werden sie in Teilstücke zerlegt. Die Hinterkeule wird in vier Teile unterteilt: Kugel, Blume, Oberschale und Unterschale. Aus der Oberschale werden **Schnitzel** geschnitten, beim Schwein wird aus der Keule auch Schinken gemacht. Beim Rind heißen die »Schnitzel« **Beefsteak** und **Hüftsteak**, sie kommen aus der Keule bzw. aus dem Bug, der Schulter der Vorderkeule.

Fleisch für Braten

Die Stücke hierfür kommen vor allem aus dem Bug (der Schulter), der Keule oder dem Nacken. Die Stücke aus der Keule sind dabei hochwertiger, z. B. werden daraus bei Kalb und Rind **Tafelspitz** und **Rouladen** geschnitten, beim Schwein der **Krustenbraten**.

Auch beliebt als Braten: **Kasseler**, der gepökelte und geräucherte Rücken vom Schwein. **Rollbraten** werden aus dünneren Stücken meist vom Bauch der Tiere gerollt. Bei Rind und Kalb sind aus dem Bug das **falsche Filet** und das dicke **Bugstück** die besten Teile, daraus werden große Braten oder Rouladen geschnitten.

Lammbraten sind entweder die **Lammkrone**, aus dem Rückenstück, oder **Lammrollbraten** mit Filetstück in der Mitte. Ganz edel ist die **Lammkeule**, sie wird meist im Stück zubereitet, da die Keulen klein (ca. 2 kg) sind.

Garzeiten: Als Richtwert für die Zubereitung von großen Braten gilt: 500 g brauchen 90–105 Min., 1 kg braucht etwa 100–120 Min.
Wer mit einem Bratenthermometer arbeitet: 80–90° Kerntemperatur sind ideal.

Fleisch zum Schmoren

Lange Fleischfasern mit hohem Bindegewebsanteil werden erst nach längerem Schmoren oder Kochen mürbe. Daher werden fast alle durchwachsenen Stücke, z. B. aus den Unterkeulen, aus dem Nacken oder auch Reststücke von den Keulen, gerne klein geschnitten als Gulasch oder Frikassee angeboten oder zu Hackfleisch verarbeitet. Je länger geschmort wird, desto mürber wird das Fleisch. Das gilt ganz besonders für Braten, die man lange und sanft im Ofen oder einem Topf schmort. Sehr beliebte Schmorstücke sind die **Haxen**, z. B. als Ossobuco bei Kalb und Rind oder als Eisbein vom Schwein. Auch Lammhaxen erfreuen sich großer Beliebtheit. Das zarteste **Gulasch** kommt aus der Blume der Hinterkeule oder aus dem dicken Bugstück der Vorderbeine.

Suppenfleisch

Suppenfleisch ist immer Rindfleisch. Als Suppenfleisch eignen sich durchwachsene Stücke mit Knochenanteil besonders gut. Es gibt fünf verschiedene Stücke, die als Basis für Brühen und Suppen verwendet werden. Sie unterscheiden sich auf den ersten Blick im Anteil an Fleisch, Fett und Knochen und im Preis, ergeben aber auch jedes eine andere Suppe. Viele Sehnen und Knorpel im Fleisch machen die Suppe leicht »leimig« oder klebrig und trüb, sorgen aber für ein Gelieren der kalten Suppe. Viel Fleisch gibt einen sehr aromatischen Geschmack. Unser Tipp: Kaufen Sie für eine »gute Suppe« beim Metzger wie früher »Suppenfleisch«. Das ist eine bunte Mischung aus verschiedenen Stücken, dazu ein paar Knochen. Das gibt die perfekte Brühe!

Niedrigtemperaturgaren

Für diese Garmethode ist es besonders wichtig, qualitätvolles Fleisch zu kaufen. Das Fleisch sollte schön marmoriert sein, mindestens 30 % Fettanteil haben.

Backofen und eine ofenfeste Form darin auf 70–80° vorheizen. Bei kleinerer Hitze gart das Fleisch nicht, mehr ist zu viel. Das Fleisch rundum kurz, aber heiß und scharf anbraten, damit sich die Poren schließen. Sofort auf der Platte in den Ofen stellen. Die Garzeit ist etwa dreimal so lang wie im konventionellen Rezept.

So gart man auf den Punkt

Egal, ob dünnes Schnitzel oder dickes Roastbeef, perfekt gegart schmeckt Fleisch einfach toll. Doch wie klappt es?

Bratenthermometer zeigen, richtig benutzt, die Kerntemperatur des Fleisches genau an. Je nach Zubereitungsart können dies z. B. 62° für ein perfekt rosa gebratenes Roastbeef sein oder auch 75–85° für einen Schweinebraten. Viele Backöfen haben eingebaute Thermometer. Im Fachhandel gibt es Bratenthermometer, die in das Fleisch gestochen werden und so mit in den Ofen kommen. Wichtig: Immer in die Mitte des Fleisches stecken, nicht an einen Knochen.

Suppenfleisch mit Fett (wie hier aus der Querrippe) und Knochen sind die Grundlage einer guten Brühe.

Mithilfe eines Bratenthermometers lässt sich ein Braten exakt auf den Punkt garen.

Gut für Kurzgebratenes ist eine **Fleischgabel mit Sensor**, die auch die Temperatur anzeigt. Wer kein Thermometer hat, muss auf eine Rouladennadel und seine **Oberlippe** vertrauen: Nadel ins Fleisch stechen, fünf Sekunden drinlassen und dann schnell an die Lippe halten. Wenn die Temperatur gerade noch auszuhalten ist, ist das Fleisch rosa, wenn die Nadel eher kühl ist, braucht es noch länger.

Auch der **Drucktest für Steaks** braucht etwas Übung: Fühlt es sich an wie die Unterlippe, ist es rare, bei Druck wie an der Nasenspitze ist es medium, und wenn es so wenig nachgibt wie die Stirn, ist es sicher durchgebraten.

Im Bratschlauch gart ein Braten im eigenen Saft. So ergibt es eine besonders gute Saucengrundlage.

Den Fettrand eines Fleischstücks (hier ein Entrecôte double) zum Braten einschneiden, damit er sich nicht wölbt.

Als Faustregel gilt: Ein blutiges Steak braucht pro Seite 2–3 Min., für medium pro Seite 4 Min. und durch ist es nach 6 Min. pro Seite. Wer gerne panierte Schnitzel isst, sollte es pro Seite 5–6 Min. braten, denn Schweinefleisch sollte am besten durchgegart sein.

Küchengeräte

Für Braten, oft auch zum Schmoren, braucht man einen großen **Bräter** mit Deckel.

Bei **Pfannen** ist die Wahl zwischen Teflon, Gusseisen und Edelstahl schwierig. In der beschichteten Teflonpfanne brennt nichts an und man braucht fast kein Fett. Edelstahl gibt es mit Wabenstruktur, das Fleisch wird darin schön knusprig, kann aber auch leichter ansetzen. In der Gusseisenpfanne bekommt das Fleisch eine tolle Kruste, man braucht jedoch viel Fett, damit nichts anbrennt. Super ist eine spezielle Grillpfanne aus Gusseisen. Sie brennt das typische Gittermuster in die Steaks (wie ein Grillrost), da sie viele schmale Erhöhungen hat.

Der **Bratschlauch** ist superpraktisch. Er wird je nach Bedarf und Größe des Bratens von der Rolle abgeschnitten, mit Fleisch, Gewürzen und etwas Flüssigkeit gefüllt und an den Seiten zugebunden. Oben einschneiden nicht vergessen und ab aufs kalte Backblech. Schon gart der Braten im eigenen Saft – er bleibt zart und saftig und der Ofen sauber. Und es gibt sogar eine knusprige Kruste im Schlauch!

Ähnlich gut gart Fleisch auch im **Römertopf**. Je nach Modell wird dieser vor dem Benutzen gewässert, dann kommen Fleisch, Gemüse und Flüssigkeit hinein und ab in den Backofen.

Einkaufen

Fleischkauf ist Vertrauenssache, denn nur eine gute Fleischqualität liefert ein tolles Ergebnis. Ihr **Metzger** kann Ihnen auch genau sagen, welches Stück wofür am besten geeignet ist. Rindfleisch muss immer erst abhängen, sonst bleibt es zäh. Nach 2–3 Wochen hat es die ideale Reife, ist dunkelrot, nicht schmierig oder blutig und riecht frisch nach Fleisch. Wenn Sie vakuumiertes Fleisch kaufen, stinkt es beim Öffnen der Packung regelrecht. Dieser Geruch stammt vom Fleischsaft, verschwindet aber nach spätestens 10 Min. vollständig. Wenn nicht, ist das Fleisch verdorben. Keine Angst vor Verfärbungen, unter Sauerstoffabschluss (dafür reicht schon das Aufeinanderliegen) wird Rindfleisch bräunlich, sobald es jedoch »atmet«, verschwindet die Färbung nach kurzer Zeit wieder.

Abgepacktes Fleisch im Supermarkt wird in zwei Varianten angeboten: auf einer Styroporschale und mit Frischhaltefolie umwickelt, dann ist es meistens 3–4 Tage haltbar, Hackfleisch nur einen Tag. Eingeschweißt und unter Schutzathmosphäre verpackt ist das Fleisch über eine Woche, teilweise sogar noch länger, haltbar, auch Hackfleisch. Beim Verpacken wird Luft entzogen und durch ein Gasgemisch ersetzt, daher können sich unerwünschte Bakterien nicht gut vermehren. Eine kleine Einlage aus saugfähigem Papier unten in der Verpackung fängt austretenden Fleischsaft auf, damit das Fleisch nicht im Feuchten liegt.

Für **Biofleisch** gibt es viele gute Gründe. Generell sind die Tiere bei der Schlachtung älter als konventionell gehaltene, auf den Einsatz von Masthilfsmitteln und auf vorbeugende Medikamentengabe wird verzichtet und die Kälber oder Ferkel bleiben bei ihren Muttertieren. Eine artgerechte Aufzucht ist so garantiert. Auch ist die Besatzdichte in den Ställen deutlich geringer, die Tiere haben jederzeit eine Auslaufmöglichkeit und der Weg zum Schlachthof ist limitiert.

Das Fleisch ist meistens aromatischer als konventionell erzeugtes und oft auch von ganz anderer Struktur, da die Tiere sich mehr bewegen als in konventionellen Mastanlagen und anderes Futter erhalten. Ebenso sind die gehaltenen Rassen oft andere als in der konventionellen Zucht.

Viele Biofleisch-Stücke sind kleiner, da die Rassen kleinere Tiere haben. Dabei hat das Fleisch eine festere

Die Fell-Zeichnung ist typisch für das Schwäbisch-Hällische-Schwein, das in artgerechter Haltung gezüchtet wird.

Steaks aus der Hochrippe quer zur Faser schneiden.

So ein zart marmoriertes Steak nur ganz kurz braten.

Struktur, mehr Bindegewebe und oft weniger Fett. Biofleisch braucht aber manchmal eine längere Garzeit.

Nährwerte

Fleisch ist eine gute Eiweißquelle, außerdem enthält es viele Vitamine und Spurenelemente. Die B-Vitamine (B_1, B_6, B_{12}) helfen Stoffwechsel, Blutbildung, Nerven und sorgen für eine schöne Haut, Kalium versorgt Muskeln und Nerven und Magnesium stärkt außerdem noch die Knochen. Als Eisenlieferant ist Rindfleisch super, es enthält etwa doppelt so viel Eisen wie Schweinefleisch, pro 100 g etwa 2 mg. Schweinefleisch hingegen punktet mit fünfmal so viel Vitamin B_1 wie Rindfleisch.

Würzen

Vor oder nach dem Kochen würzen? Kommt drauf an: Kleine Stücke wie Steaks oder kleine Braten am besten erst nach dem Garen salzen, sonst können sie austrocknen. Große Braten werden vor dem Kochen gesalzen, das gibt mehr Aroma und austrocknen können sie nicht. Den Sud für gekochtes Fleisch ruhig kräftig würzen, damit das Fleisch nicht fad schmeckt. Soll es kalt gegessen werden, unbedingt im Sud abkühlen lassen

Schneiden

Wer gerne Steaks isst, sollte sich unbedingt ein paar gute **Steakmesser** zulegen. Dank Rillenschliff und robustem Griff wird nur noch geschnitten, nicht mehr mit stumpfem Werkzeug »gesäbelt«. Für Braten-Fans lohnt sich auch ein gutes **Tranchierbesteck** mit großem Messer und kräftiger Gabel. Damit landet der Braten auf dem Brett und nicht auf dem Boden und die Scheiben lassen sich mit einem großen, scharfen Messer viel besser und dünner aufschneiden. Unbedingt dazu gehört ein **Tranchierbrett mit Saftrille**, damit der Fleischsaft sauber aufgefangen wird.

Noch ein Tipp zum Schneiden: Immer **quer zur Faser** schneiden, besonders bei großen Braten, dann schmecken sie zarter. Manche Fleischstücke bestehen aus mehreren Muskelsträngen, die nebeneinander verlaufen. Das Fleisch dann gegebenenfalls um 90 Grad drehen und so weiterschneiden.

Zum Gebrauch
Damit Sie Rezepte mit bestimmten Zutaten noch schneller finden können, stehen in diesem Register zusätzlich auch beliebte Zutaten wie **Champignons** oder **Lammfleisch** – ebenfalls alphabetisch geordnet und **hervorgehoben** – über den entsprechenden Rezepten.

Die BRIGITTE-Kochbuch-Edition

ISBN 978-3-8338-1505-8

ISBN 978-3-8338-1506-5

ISBN 978-3-8338-1507-2

ISBN 978-3-8338-1511-9

ISBN 978-3-8338-1512-6

ISBN 978-3-8338-1513-3

NIE WIEDER ZETTELWIRTSCHAFT! Die beliebtesten Rezepte aus der BRIGITTE werden hier vom Kochbuch-Spezialisten GU endlich in einer Edition präsentiert. Rezepte für jeden Anlass, für jede Saison – natürlich mit allen Klassikern und mit vielen Neuheiten. Freuen Sie sich darauf und sammeln Sie mit!

IMPRESSUM

Liebe Leserin, lieber Leser,

wir freuen uns, dass Sie sich für ein Buch der Brigitte-Kochbuch-Edition entschieden haben. Mit Ihrem Kauf setzen Sie auf Qualität und Kompetenz zweier starker Marken: Brigitte und GU. Dafür bedanken wir uns bei Ihnen.

Um in Zukunft noch besser auf Ihre Wünsche eingehen zu können, ist uns Ihre Meinung wichtig. Bitte senden Sie uns Ihre Anregungen, Ihre Kritik, Ihr Lob und auch Ihre Fragen zu unseren Büchern. Wir freuen uns auf Ihre Nachricht!

GRÄFE UND UNZER VERLAG
Leserservice
Postfach 86 03 13
81630 München

Montag – Donnerstag: 8.00 – 18.00 Uhr
Freitag: 8.00 – 16.00 Uhr
Tel: 0180-5 00 50 54*
Fax: 0180-5 01 20 54*
E-Mail: leserservice@graefe-und-unzer.de

*(0,14 €/Min. aus dem dt. Festnetz/ Mobilfunkpreise können abweichen.)

BRIGITTE
Leserservice
Tel: 040-370 30
Fax: 040-37 03 56 34
E-mail: infoline@brigitte.de

Ein Unternehmen der GANSKE VERLAGSGRUPPE

Chefredakteur BRIGITTE Andreas Lebert
Programmleitung GU Doris Birk
Projektleitung und Rezeptauswahl Burgunde Uhlig (BRIGITTE), Birgit Rademacker (GU)
Texte Katja Jührend (BRIGITTE)
Rezeptbearbeitung Frauke Prien (BRIGITTE)
Lektorat Adelheid Schmidt-Thomé
Korrektorat Mischa Gallé
Layout, Typografie und Umschlaggestaltung independent Medien-Design, München
Satz Uhl + Massopust, Aalen
Herstellung Claudia Labahn
Reproduktion Longo AG, Bozen
Druck und Bindung Mohn media Mohndruck GmbH, Gütersloh

ISBN 978-3-8338-1506-5

1. Auflage 2008

Rezepte, Produktion und Foodstyling
BRIGITTE-KOCHRESSORT

Bildnachweis
Fotografie Thomas Neckermann
Seite 16, 97 Barbara Bonisolli
Seite 12, 46, 48, 58, 110, 130, 132 Carsten Eichner
Seite 138, 139 rechts Ulrike Holsten
Seite 42 Michael Holz
Seite 66 Maike Jessen
Seite 134, 135, 136, 137 oben, 139 links Foodfoto Teubner
Seite 84, 116 Götz Wrage

Titel
Foto Ulrike Holsten
Assistenz Ulrike Kallweit
Styling Dietlind Wolf
Foodstyling Nicole Müller-Reymann